明末清初
西洋汉语词典三种

第❸册：汉法词典

姚小平 著

北京大学出版社
PEKING UNIVERSITY PRESS

基歇尔《中国图说》1670年法译本封面，书后附有《汉法词典》

DICTIONAIRE
CHINOIS & FRANÇOIS.

Chinois.	François.	Chinois.	François.
Çă	Mixtionner, meslanger, mesler, brouiller, trouiller.	Çài pŭŭ	ouvrir boutique.
		Çài yâm	ouvrir, ou franchir les routes de mer.
Hoên çă	meslé, embrouillé, meslangé, confus.	Çài tiēn hôâm	ouvrir une fenestre du toict ou une lucarne.
Çă xŭ	livre tout faux, c'est à dire rempli de faussetés.	Çai	calamités, miseres, afflictions.
Çă	evaporer, passer son feu, & sa colere.	Çài lê hŏ	planter des arbres.
		Cài	jadis, autrefois, estre, vivre.
Çă scien	rafraischir son corps & ses membres.	Çài çìn kiáo	dites encore, repetés derechef.
Cài tam	convenable, à propos, sortable, accordant.	Çài pŭ cân	pour peu de chose, ou rien du tout.
Cài luŏi	il est convenable de traiter de cecy ou de cela.	Çài pŭ çŏ	je ne feray jamais plus.
Cài	changer, corriger.	Çài pŭ xém	jamais, plus que.
Cài quŏ tièn	corriger les fautes.	Kí cài	pour se souvenir, en memoire, pour n'oublier pas.
Xén	se torner.		
Cài hâm	changer d'office.		
Cài piên	changer de coûtume, & de façon de faire.	Çài nă lì chĕ	où demeure-t'il, où loge-t'il, où est sa maison.
Cài tam	appeller à la Justice, ou au tribunal.	Çài nă li cài	d'où est-il, de quel pais.
		Hiên cài	où est-t'il, où demeure-t'il, où tarde-t'il.
Cài	couvrir, cacher, voiler, cachée, couverte, voylée.	Cài hâm	estre pratiqué, expert, experimenté.
Cài çù	pauvre, indigent, miserable, disetteux.	Çài	deviner, predire, presager.
Yĕ cài	ouvrir tout d'un coup, tout à l'heure, preste.	Cài cŏ	ne deviner pas, errer, se tromper.
Pĕu cài	ouvrir promptement & en diligence.	Ngò cài tem ti siŭ	penetrer jusques à l'interieur, deviner les pensées.
Cài	ouvrir, fendre.		
Cài chiēn	sortir de la barque, se desenbarquer.	Çài mŭ	expliquer les enigmes, & en comprendre le sens.
Cà piĕ	la creation du monde, ou la production de toutes choses.	Çài	habilité, aptitude, docilité, richesse, fait, action, tout à l'heure, pourlors, alors, en ce temps.
Cài cùm	descouvrir des mines.		
Cài kĕŭ	ouvrir la bouche.	Çài chē táo	astheure je le scay.
Pŭ cài	estendre, espendre, dilater, prolonger.	Çài	couper comme des habits.

《汉法词典》正文首页

Xùi xiŏ	le fret du vaisseau & de l'embarquement.	*Tái sù giń*	quand on s'informe d'avantage.
Xuŏ koŭ	un aqueduc ou conduit d'eau.	*Nái nái*	la femme du Mandarin.
Chát xùi	la mer.	*Tĕ hiń*	œuvres de vertu.
Xùi ciń	christal.	*Taŏ hiń*	le mesme.
Xŭi fói	les droits.	*Hiám táo*	œuvres de vertu.
Xŭi cièń	payer les droits.	*Hiń tĕ*	le mesme.
Xuŕi	pur & sans meslange.	*Yaì tú miń vań*	c'est un homme de reputation, & de belle esperance ; c'est à dire qu'il promet beaucoup.
Xĕŭi xuń	homme doux.		
Cuń fù giń	on s'informe au Mandarin de sa femme.		

F I N.

《汉法词典》正文末页

目 录

Ça（324页左—327页左）……………………………………………3

Çě（327页左）………………………………………………………14

Ce（327页左—327页右）…………………………………………15

Ceù（327页右）……………………………………………………16

Ch̄（327页右—333页左）…………………………………………16

Ci（333页左—335页右）…………………………………………36

Co（335页右—336页右）…………………………………………45

Cū（336页右—338页右）…………………………………………48

Fa（338页右—339页左）…………………………………………55

Fe（339页左）………………………………………………………57

Fi（339页右）………………………………………………………58

Fǒ（339页右）………………………………………………………58

Fû（339页右—340页左）…………………………………………59

Gě（340页左—341页左）…………………………………………61

Gu（341页左）………………………………………………………63

Go（341页左）………………………………………………………63

Hā（341页左—341页右）…………………………………………64

He（341页右—342页右）…………………………………………65

Hiù（342页右—343页左）…………………………………………70

Ha（343页左—344页左）…………………………………………71

Hû（344页左—344页右） …………………………………………………… 75

Ho（344页右） ……………………………………………………………… 76

I（344页右—345页右） …………………………………………………… 77

J（345页右—347页右） …………………………………………………… 79

Ke（348页左—352页左） ………………………………………………… 88

La（352页左—354页右） ………………………………………………… 102

Ma（354页右—356页左） ………………………………………………… 111

Na（356页左—356页右） ………………………………………………… 115

Pa（357页左—359页右） ………………………………………………… 119

Q（359页右—360页右） …………………………………………………… 128

S（360页右—362页右） …………………………………………………… 131

Ta（362页右—365页左） ………………………………………………… 139

V（365页左—365页右） …………………………………………………… 147

X（365页右—367页右） …………………………………………………… 149

汉法词典

　　无名氏《汉法词典》，附录于基歇尔《中国图说》法文版（1670）。收有用法文字母转写的汉语词目约三千条，对译以法语词汇、短语等。

| 汉语词条 | 法语释义 |

（324页，左栏）

Ça

Çă（杂）	Mixtionner, meslanger, mesler, brouiller, trouiller（vt.混合，掺杂，弄乱，扰乱，搅乱）.①
Hoèn çă（混杂）	meslé, embrouillé, meslangé, confus（a.混杂的，杂乱的，乱作一团的，纷乱芜杂的）.②
Çă xū（杂书）	livre tout faux, c'est à dire rempli de faussetés（np.谬书，即错误百出的书）.
Çă（撒，煞）③	evaporer（vt.使挥发）, passer son feu, & sa colere（vp.消火，息怒）.
C'ă scieñ（擦身）	rafraischir son corps & ses membres（vp.使身子、四体清凉）.
Cai tam（该当）④	convenable（a.适宜的）, à propos（ad.恰巧）, sortable, accordant（a.适当的，一致的）.
Cài luń（该论，赅论）	il est convenable de traitter de cecy ou de cela.（s.这样处理一件事情很恰当。）
Cài（改）	changer, corriger（vt.改变，改正）.
Cài qúo ǔeñ（改过冤）⑤	corriger les fautes（vp.改正错误）.
Xén（闪）⑥	se torner（vr.转身）.
Cài hâm（改行）	changer d'office（vp.改换行当）.
Cài piéń（改变）	changer de coûtume, & de façon de faire（vp.改变习惯或做事的方式）.

---

① 这五个法语词都是及物动词，标为 vt.，笔者在回译时尽量使用动词，以求汉法词性对应。
② 这四个法语词都是形容词，标为 a.，回译尽可能使用形容词。凡此不再逐条说明。
③ "撒"，一拼 să（见"撒种"，360页右），用为声母的 ç 与 s 时混。
④ 二字原无调符。
⑤ 当理解为"改过""改冤[情、案]"。
⑥ 闪身、闪避的"闪"。但这个字音不应在此出现。

Cài tam（改堂）① appeller à la Justice, ou au tribunal（vp.向法院或法庭上诉）.

Cài（盖）② couvrir, cacher, voiler（vt.遮盖、隐藏、遮蔽），cachée, couverte, voylée（a.隐匿的，隐蔽的，朦胧的）.③

Cái çù（丐子） pauvre, indigent, miserable, disetteux（n.穷人、贫民、贱民、赤贫者）.

Yĕ cái（一概） ouvrir tout d'un coup, tout à l'heure, preste（vp.突然开始、立即、迅速着手）.

Péu cái（剖开）④ ouvrir promptement & en diligence（vp.迅速、用力打开）.

Cái（开） ouvrir, fendre（vt.打开、劈裂）.

Cái chuên（开船） sortir de la barque（vp.走出船），se desenbarquer（vr.下船）.

Cái piĕ（开辟） la creation du monde, ou la production de toutes choses（np.创世，或任何事情的开始）.

Cái cùm（开矿）⑤ descouvrir des mines（vp.发掘矿藏）.

Cái keù（开口） ouvrir la bouche（vp.张开嘴巴）.

P'ū cái（铺开） estendre, espendre, dilater, prolonger（vt.铺展、伸展、扩开、延伸）.

（324页，右栏）

Cāi pi'ú（开铺）⑥ ouvrir boutique（vp.开店）.

Cái yâm（开洋） ouvrir, ou franchir les routes de mer（vp.开

---

① tam，当拼为 t'âm，见"坐堂"（336页左）、"升堂"（363页左）。
② 调符有误，他处作 cái，去声。
③ 这一串六个法语词，前三个是动词，后三个则是形容词，显然非随意所为。凡属不同词类，或意思不同的词，汉译都用分号隔开。
④ 拼法有疑，可比较358页左的 Péù cái（剖开）。
⑤ "矿"，本词典上计有四例（见338页左、346页左），都拼作 cùm，音同汞。可比较《官话词汇》所记（pp.2, 140），为 kuǹg。"矿"字今闽南话读 [kong⁵]，客家话读 [kong⁴]，南京话又读 [guen³]，都可印证此音（见《汉语方言发音字典》，后面简称《发音字典》）。
⑥ pi'ú，衍一字母 i。

	放，或开通海路）．
Cải tiển hoâm（开天窗）①	ouvrir une fenestre du toict ou une lucarne（vp.打开屋顶的窗户或天窗）．
Çai（灾）	calamités, miseres, afflictions（n.灾害，苦难，悲哀）．
Çaī lẻ hỏ（栽了活）	planter des arbres（vp.种树）．
Cái（在）②	jadis, autrefois（ad.从前，昔日），estre, vivre（vi.存在，在世）．
Çái çiḿ kiáo（再请教）	dites encore, repetés derechef.（s.请再说一遍，请重复一下。）
Çái pú càn（再不敢）	pour peu de chose, ou rien du tout（pp.决不，无论如何不）．
Çái pú ço（再不做）	je ne feray jamais plus.（s.我再也不做了。）
Çái pú xeṁ（再不□）	jamais, plus que（ad.永不，再不会……）．
Kí cái（记载）③	pour se souvenir, en memoire, pour n'oublier pas（vp.为纪念起见，存念，不能忘怀）．
Çai nă li chú（在哪里住）	où demeure-t'il, où loge-t'il, où est sa maison.（s.他住在哪里；他在哪里定居；他的房子在哪里。）
Çái nă li câi（在哪里来）④	d'où est-t'il, de quel païs.（s.他从哪里来，来自哪个国家。）
Hién cái（现在）	où est-t'il, où demeure-t'il, où tarde-t'il.（s.他在哪里，他住在哪里，他耽搁在哪里。）
Çái hâm（在行）	estre pratiqué, expert, experimenté（vp.熟通某行，是老手，经验丰富）．
Cải（猜）⑤	deviner, predire, presager（vt.猜测，预言，预测）．
Çái cỏ（猜错）	ne deviner pas（vp.没猜中），errer（vi.弄

---

① hoâm 为 chǒām 之误。
② Cái 为误标，当作 Çái。
③ cái 为 çái 之误。
④ câi 为 lâi 之误。
⑤ Cải 为误标，当作 Çải。

	错），se tromper（vr.搞错）.
Ngò cái teḿ ti siñ（揿开灯的芯）	penetrer jusques à l'interieur, deviner les pensées（vp.深入内里，猜出思想）.
Çaī mí（猜谜）	expliquer les enigmes, & en comprendre le sens（vp.解释谜语，领会其意思）.
Çaí（材，财，才）	habilité, aptitude, docilité, richesse（n.才能、能力、可塑性、财富），fait（a.拥有某项才干的）①, action（n.行动、实干），tout à l'heure（adp.刚才），pourlors, alors（ad.当时，那么），en ce temps（pp.就在此时）.
Çaí chē táo（才知道）	astheure je le scay.（s.我这才知道。）
Çaí（裁）	couper comme des habits（vp.剪裁衣服）.

（325页，左栏）

Çaí fum（裁缝）②	le tailleur（n.裁缝）.
Quōn çaí（棺材）	une caisse ou une bierre pour un mort（np.盛装逝者的箱子或棺材）.
Ciú çaí（据裁）	apointer requeste, accorder les demandes, interiner les prieres（vp.准予请求，同意要求，应允恳请）.
Sán çaí ya p̓im̄ gín（散财于贫人）	despartir（vt.分发、散财），faire charité ou liberalité aux pauvres（vp.捐善款，济贫）.
Sán çaí（散财）	dispercer, espendre（vt.散发、花费），escarter deça et dela（vp.抛却杂物），dissiper（vt.挥霍）.
Nû çaí（奴才）	esclave, cerf, captif（n.奴隶、服苦役者、俘虏）.
Çaí lám（才郎）③	bout（n.尽头、端头），fin de quelque chose（np.某物的终端），chef（为首者、头目）.④

---

① = être *fait* pour（适合于、是干某事的料）。
② m 上面带一小圆圈，不明其用。
③ 与法文释义不对应，而是与下一条"有才学"关联。
④ 此条释义当对应于"头"，但单独一个"头"字并未立为词目。

Yeù çaî hiŏ（有才学）	qui est habille & sçavant lettré（cl.能干的、懂学问的人）.
Sān çáî（三才）	le ciel, la terre, l'homme（n.天，地，人）.
Çáî（材）	du cuir（n.皮革）.
ù çáî xĕ（无才识）①	du froment ou qui est de bled de froment（n.小麦，或麦粒）.②
Pú çáî（不才）	ne faire point d'estat n'y de cas de quelque chose（vp.没有任何职业和地位）.
Cá（榨）③	blettes（n.莙荙菜）.
Tiaò çáí（吊菜）④	bettes ou blettes, une forme d'herbe bonnes à menger（n.甜菜或莙荙菜，一种可食的上等蔬菜）.
Suŏn çáí（蒜菜）⑤	blettes ou bettes, & une espece de maulves（n.莙荙菜或甜菜，一种锦葵）.
Seṁ çáí（生菜）	pilon ou instrument dont on se sert（n.杵，或使用杵的器具）.
Tiéń çáí（甜菜）⑥	pour broyer dans le mortier de la porrée（vp.把韭葱放在研钵里碾碎）.
Caṁ（缸，罡）	pot d'argile, ou de terre à potier, rond & ventru, & qui a 2. ances comme un vase à bouquet（np.陶土或黏土制的坛子，圆形而鼓腹，像花瓶一样带有两个提手）. Constellation, ou planette（n.星座，或行星）.
Caṁ lìṁ（纲领）	le principal point d'un affaire, en quoy consiste le fondement d'une dispute（np.一件事情的要点，系一场争辩的基础所在）.
Kiā caṁ xĕ（金刚石）⑦	un diamant（n.钻石）.

---

① 与下一条"不才"义近。
② bled，衍一字母 d，今拼 blé（麦粒）。这一条并无对应的汉语词目。
③ 压榨的"榨"，对应于隔开两行后出现的杵具和研碎。
④ 吊菜，瓠瓜的俗称，与法文释义并不对应。
⑤ 蒜菜，即蒜薹。
⑥ *Tiéń* 为 *tień*（甜）之误。此词对应于上文给出的法语词 bette、blette（甜菜、莙荙菜）。
⑦ *Kiā* 为 *Kiñ* 之误。

Cam̃ saō（缸蚤）①	un ver qui est dans la feve（np.蚕豆里的虫子）.
Cam̃ muên（杠门）	barre de porte（np.门上的杠条）.
Cám̃（糠）	le son de la farine, du bran（np.谷物的麸皮，麸子）.
Cám̃（炕）②	

（325页，右栏）

Cám̃ chu̇am̃（炕床）	
Ti cám̃（地炕）	
Çam̃ quōn（赃官） *Tả̃n çam̃*（贪赃）	un Mandarin qui prend des rentes, qui leue des tributs ou des gabelles（np.强占公款、征收税赋或盐税的官员）.
Çám（葬）	enterrer, ensevelir（vt.埋葬，入殓）.
Ú çam̃（五脏）	entrailles, boyeaux, tripes, intestins（n.脏腑，肠子，内脏，肠）.
Sum̃ çam̃（送葬）	accompagner à la sepulture, assister aux funerailles（vp.陪送前往墓地，出席葬礼）.
Çám̃（鏨）	limeure d'accier（np.钢锉）.
Cuōn çám̃（官仓）	distribution d'impots à toute la nation（np.把税入分配至全国）.
Lam çám̃（廊舱）	du costé de la prouë（np.船首的一侧）.
Xaō çám̃（梢舱）	du costé de la poupe（np.船尾的一侧）.
Çám̃ im̃（苍蝇）	une mousche（n.苍蝇）.
Çám̃ ti'eñ（苍天）	le ciel materiel（np.有形的天空）.③
Cañ（柑，甘，干）④	l'oranger（n.柑子），doux（a.甘甜的），sec（a.干燥的）.
Cañ chẽ（甘蔗）	cannes de sucre（np.甘蔗）.

---

① "蚤"当拼作 çaò（见"虼蚤"，348页左），此处疑为"骚"的误读。
② 这一条以及接下来的两条都缺释义。
③ 直译为"物质的天"。因"天"（ciel）又有天堂、上帝之义，故以"物质的"（materiel）限定。
④ *Cañ* 系误标，当作 *Can̄*。

Cañ leâm（干粮） nourriture seche, aliment sec（np.风干的食物，干粮）.

Cañ cím（干净） net, pur, excellent（a.洁净的，纯洁的，优秀的）.

Mǒ cañ ti（莫赶的） il ne preste pas.（s.这事不急。）

Mú siam̄ cañ（没相干）① il ne fait pas au sujet.（s.这与事情无关。）

Cañ ciñ çó（甘心做）② faire librement & de bonne volonté（vp.心甘情愿地做事）.

Cañ ciñ sù（甘心死） mourir agreablement, & sans contrainte（vp.死得快活，从容就死）.

Cañ（坩） le foyé ou foyer（n.炉子）.

Càn（敢） oser, hazarder, entreprendre, presumer（vt.敢于，冒险，敢为，自以为是），se frotter, se fier（vr.挑衅，自命不凡）.

Càn chǒ（赶着） en arriere, à costé（pp.在后头，在边上）.

Càn xán（赶上） aller pour obtenir, ou pour avoir ce qu'on attend（vp.争取得到，获得所期待的）.

Càn pǎ（敢怕）③ renforcer, roidir（vt.加固，加强），s'affermir, se fortifier（vr.变得牢固，强壮起来）.

Càn cheñ（擀毡） faire du feultre ou du gaban（vp.制作毛毡或粗毡）.

Càn mién（擀面） amasser de la farine（vp.揉面团）.

Càn ngēn（感恩）
Càn hiū（感吁）
Càn ciě（感激）
} estre obligé（vp.感激）.

Pú càn laô（不敢劳） ce n'est pas à moy à vous donner de la peine ou du chagrin.（s.我不愿给您带来麻烦或增添烦恼。）

Yeù càn（诱感） tenir（vi.向往、执着于），solliciter（vt.吸引、撩拨）.

---

① "没"，方音同木。

② ciñ 的声母 c 当为 s。

③ 即恐怕、或许，与释义不对应。

（326页，左栏）

Càn pú táo（赶不到）	ne pas atteindre, acquerir, parvenir, obtenir, suivre, comprendre, ou gagner ce que l'on veut（vp.赶不上，得不到，达不到，没有获得，跟不上；不明白，或未能如愿）.
Cán sú（干事）	traitter, negocier, trafiquer（vt.对待，商议，做交易）.
Yeù xiń mǒ guei cán.（有甚么贵干）	sans aucun affaire（pp.没有任何事情）.①
Cȧñ（堪）	souffrir, patir, endurer（vt./vi.忍受，受苦，忍耐）.
Cȧñ kè（坎坷）②	ouvrir des lettres, descacheter un paquet（vp.启开信封，拆开包裹）.③
Pú c'ān yúm（不堪用）	on ne peût pas se servir de luy ou d'elle.（s.无法再为某某所用。）
Cȧṅ（砍）	couper avec un grand sabre ou coûteau large（vp.用长剑或大刀切断）.
Cȧṅ xú chaî（砍树柴）	couper des arbres ou du bois（vp.砍树或砍柴火）.
Cȧṅ（看）	voir, regarder, considerer（vt.看见，注视，考虑）.
Cȧṅ xū（看书）	estudier, mettre peine à faire quelque chose（vt.学习，即努力做某件事）.
Siê cȧṅ（斜看）	regarder quelqu'un de travers ou sur l'espaule（vp.侧视，或越肩看某人）.
Cȧṅ mò çaṅ（□帽簪）④	le chapeau, bonnet, ou toque des Mandarins（n.帽子，便帽，或官员戴的无檐帽）.

---

① 似乎是对提问的回话。
② 谓一路波折，吃尽苦头，对应于上一条释义。
③ 此条释义当属误植，对应词为"拆开"（327页左）。
④ 首字似衍，后二字调符有疑。"帽簪"，或簪帽、花簪帽，宋人诗词里言及颇多。

Cañ（簪）①	un esguille de teste（np.头戴的佩饰）.
Yú çañ（玉簪）	d'albastre（np.玉制的头饰）.
Kiñ cañ（金簪）	d'or（np.金制的头饰）.
Çàn çù（拶子）	instrument pour tourmenter（np.上刑用的器械）.
Çàn chè xèu（拶指手）②	tourmenter（vt.拷打），donner la gesne（vp.施酷刑）.
Çàn hiḿ kì pú（暂行几步）	aller quelques pas au devant（vp.往前走几步）.
Çàn（斩）	tuer en coupant & en retranchant（vp.砍死并分尸）.
Çàn ý çàn（攒一攒）	accumuler des thresors（vp.积聚财富）.
Çáñ（蚕）	un ver à soye（np.一种吐丝的虫子）.
Çáñ kień（蚕茧）	saler（vt.撒盐、敲诈），un ver qui a des aisle ou qui est aislé（np.一种生有翅翼的虫子或飞虫）.③
Çáñ tiě（残的）	avés vous mangé ce qui reste（np.您吃完后剩下的）.
Çáñ iám（潺潺）	murmurer（vi.潺潺有声）.
Kiù çân（嘴馋）	crachat（n.口水）.
Tù çân（吐馋）④	cracher（vi.吐口水）.
Çàn（鏟）	pale de fer（np.铁制的叶片、刀片）.
Cō ç'àn（锅铲）	pale dont on se sert pour tirer les choses d'une terrine（np.用来从坛子里舀食物的铲子）.

（326页，右栏）

Caō（高）	haut, eslevé, haussé, rehaussé（a.高，崇高的，提高的，增强的）.

---

① 注音当从下一词目，作 Çañ。
② 一般说"拶手指"。或理解为"拶指，拶手"，意思也一样，都指施于手部的酷刑。"指"，他处拼为 chǐ。
③ 破茧而出的蚕虫，即蚕蛾。起首的动词义，盖指剥茧抽丝，摄取精华。
④ 吴语称口水为"馋吐水"。

Ki caō（鸡膏）	graisse de poule（np.鸡油）.
Chū caō（猪膏）	graisse de pourceau（np.猪油）.
Cāo yŏ（膏药）	amplastre（n.贴敷物）.
Lî cāo（梨膏）	composte, ou conserve de poires（np.糖煮水果，或梨制的果酱）.
Caō kién（高荐①，高见）	bon enfent②（np.好少年），sçavoir tout à l'instant（vp.悟性高）.
Caō piĕ（高笔）	Vostre composition（np.大作）.③
Càò càò（草稿）④	diminué[,]⑤ amoindri（a.缩减的，减少的）.
Cáo ngò û（告我诬）⑥	donner conseil contre moy, advis, conseils（vp.提出反对我的建议、看法、意见）.
Cáo súm（告讼）	se plaindre（vr.控诉）.
Cáo xí（告示）⑦	serrure, cadenac（n.锁，挂锁）.
Caó kiă（告假）	demander permission pour quitter ou laisser l'office（vp.请求允许离职或弃职）.
yvên cáo（原告）	autheur des demandes（np.提出诉讼者）.
Càò（考）	examiner avec soin & avec attache, attentifvement（vp.细心核查，用心审查）.
Tieñ càò（天考）	mon pere est desja mort, & est en l'autre monde.（s.我父亲已亡故，去了另一世界。）
Caó（靠，犒）	se courber（vr.屈身）⑧, s'encourager & s'animer（vr.奖励，振奋）.
Caó tieñ chù ti liĕ leám（靠天主的力量）	comme faveur de Dieu（cp.如同有神佑）.
Çào（诏）	pour la nation（pp.对全国）.

---

① 谓科举中式者。
② 即 enfant（孩子、年轻人）。
③ 直译：您的文章。
④ 似乎与上一条"高笔"形成反义。
⑤ 二词之间原无标点隔断。凡用方括弧括起的逗号，均为笔者所添。
⑥ 当理解为"告我，诬我"。
⑦ 与释义不对应。"锁"另有条，见 362 页左。
⑧ se courber 又有低头、屈服等义，与词目也不对应。

Tim̃ çào（顶早）	la matinée devant le jour（np.一日之晨）.
Kě çào（革躁）①	le poulce de la main ou le gros doit du pied（np.手上或大脚趾上的脉搏）.
Çáo（造）	ediffier, bastir（vp.建筑，建造），je faisfaire.（s.我让人做。）
Çáo kì çào（肇，几肇）②	achever jusques à ce que（vp.达到某种程度、以至于）.
Çáo haò（糟、好，照号）	bonne ou mauvaise partie, ou bien lettre d'eschange, qui peût prendre plusieurs titres d'honneur（np.好的方面或坏的方面；带有若干抬头的汇票）.
Çáo lǐ（皂隶）	un coup（n.[一下]敲击），ceux qui don-des coups（cl.敲击的人）.③
Çáo nì（造呢）	fouler de plus en plus, d'advantage（vp.反复多次滚压生呢坯，即缩呢）.
Feû çái（浮材）	fanfaron（a.爱吹嘘的 n.自吹自擂的人）.
Çáō（糙）	lourd, rude, grossier, gros, gras（a.粗糙的，粗鲁的，粗陋的，粗笨的，肥厚的）.
Çáō tiñ（遭丁）④	affligé, triste, troublé（a.受苦的，忧愁的，困扰的）.
Cáō（操）⑤	faire monstre, parade（vp.检阅，阅兵）.
Çaò（草）⑥	la paille, le pailler（n.草，草料）.

（327页，左栏）

Çaò cham̃（草场）	quand les herbes sont en fleur（cl.当青草长到开花时）[;] petits arbrissaux, herbes. orge
Çaò mǒ（草秣）	

---

① 革，脉象的一种；革躁，指脉动快而不稳。
② 几乎使得，几至。
③ 盖指敲锣鸣鼓的小吏。
④ 似为两个独立的字条："遭""丁"。后者有遭遇之义，如"丁忧"。
⑤ 注音当为 *Cáo*。
⑥ 注音当为 *Çáo*。

（np.低矮的灌木，牧草，大麦）.①

Teṁ çaò（灯草）   tortüe ou tordüe, jonc（np.搓捻的或拧绞的，灯芯草）.

Çaò cù（草籽）   grandeur ou profondeur en scince & en lettres（np.科学和文学上的崇高和精深）.②

Çaô（槽）   escurie, ou lieu propre à tenir des chevaux（n.厩棚，即养马之所）.

Chū çaô（猪槽）   } des pourceaux（n.猪圈）.
Niû çaô（牛槽）   } des vaches（n.牛棚）.

Çaô（槽）③   un vieux ne peust ou ne pourra（np.不中用的老人）.

Çaó siṁ（懆心）   chose qui brulle, coeur, comme, rustique, & grossier（np.令人焦急、心烦气躁的事情）.

Çaó cuén（□□）   tourner, changer, converser, & embrouiller（vt.转动，改变，变换，弄乱）.

Çaó mì（糙米）   du gros ris（np.粗糙的稻米）.

Çĕ

Çĕ（择）   separer, recueillir（vt.分割，采集），faire la recolte（vp.采摘水果等），mettre à part（vp.搁置）.

Çĕ hiā（仄狭）   une chose estroite, & serrée（np.狭小、紧闭的东西）.

Yĕ çĕ（夜贼）   un larron, un voleur, un filou（n.盗贼，小偷，扒手）.

Si ùlh çĕ（四耳贼）   d'un costé ou d'autre（pp.四处[打探]）.

Ç'ĕ（侧）   renverser, ruiner, promptement & en diligence（vp.快速而有力地翻转，猛然推倒）.

---

① 这一句似乎混合了两条释义，以至句法关系不清。前半部分为小句，对应于"草场"；后半部分列举几种植物，对应于"草秭"。

② 可能遗漏了"造诣"，能与本条释义对应。

③ "槽"字的前面可能漏了"恋"字。所谓老马恋槽，便是喻指人老而不中用，却又舍不得有油水的饭碗。

Ç'ĕ çáo çài（侧，造，再）①	renverser, ruiner & remettre encore une fois la mesme chose（vp.翻转，推翻或重新做同一件事）.
Çáo（造）	faire（vt.做、干、造）.
Chiū çĕ（究测）	supputer, consulter en soy（vp.估算，思量）.
Ç'ĕ cāi（拆开）	& ouvrir des lettres, ou epistres missives（vp.拆开信件或来书）.
Ç'ĕ miḿ（册命）	des edicts ou ordonnances Royaux（np.君王的旨令或诏书）.

Ce

Ceḿ（争）	combattre, debatre, contester, insister, persister, opiniastrer, disputer（vt./vi.争斗，争执，争论，坚持，力争，固执，争辩）.
Ceḿ sieñ（争先）	vouloir, cherir, & rechercher d'estre le premier（vp.期望，热盼，力图成为第一名）.
Ceḿ siē（增些）	augmenter un peu（vp.增加些许）.

（327页，右栏）

Cèm mô（怎么）	de qu'elle façon ou maniere（pp.用什么方式）.
Cèm tĕ（怎得）	se pourra-t'il faire（vp.不管做什么）.
Cèm seḿ（怎生）	comment fairons nous（adp.我们得怎么做）.
Nai hô（奈何）②	la mesme chose（同上）.
Cém（甑）③	alambic（n.蒸具）.
Ceḿ（层）④	le premier plancher d'une maison, qui est de surplus, de reste, de trop, excessif, abondant, superflu（np.房子的第一层地板，泛指多余之物，剩余物，过多，过量，大量，冗余）.

---

① 当为"侧，再造"。
② 插进"奈何"，显然是因为它与上一条"怎生"语意接近。
③ "甑"和下一条"层"，调符正好标反了。
④ 《说文》："层，重屋也。"由此有赘复、累叠之义。

Kieù cem̀ t̆ă laû(九层塔楼)①

Ceù

Ceù(走)	aller, courir, fuir(vi.走,跑,逃),s'en aller(vr.离开).
Páô ceù(跑走)	gaigner païs(vp.加速行进).
Ceù mà tem(走马灯)	laterne qui se tourne comme(np.会自行转动的灯).
Ceù xim̀ ū(咒神巫)	kunambulos②, c'est un nom propre(?,是一个专有名词).
Céu puèn(奏本)	contrarier ou contredire, s'opposer au Roy, le chagriner ou luy faire de la peine(vp.向君王提出反对意见或反驳其见解,使他不快或头痛).
Céu(皱)	crespu, crespé, tortillé, frisé, ridé, plissé(a.卷曲的,起皱的,拧绞的,涡纹或波浪形的,有褶纹的,带皱褶的),froncé, refroigné(a.皱眉头的,遭冷落的).
Céu môi(皱眉)	rider(vt.使起皱纹),fronter le front(vp.皱眉头).
Céu xā(绉纱)	crespu, ridé, froncé(a.起皱的,带波纹的,带皱褶的).
Céû(愁)	estre triste, affligé, & melancholique(vp.忧愁,悲伤,忧郁).
Céú(凑)	ajuster, joindre, unir, assembler(vt.配备,加入,联合,集合).

Chā

Chā(揸)	plus ouverte(ap.[手]张得很开).
Chā çăĭ(揸开)③	ouvrir la main(vp.张开手).

---

① 这一条想必是充作"层"的例证,并无对应的法文释义。
② 疑为跳大神之类巫咒行为的音译,非汉语词。
③ *çăĭ* 为 *căĭ* 之误。

Chá（诈）	feindre, simuler（vt.假装，佯作），faire semblant ou mine de quelque chose（vp.装得好像，或做出一副样子）.
Chá quèi（诈诡）	un homme feint, simulé, contrefait（np.假扮者，伪装者，冒牌者）.
Chă（扎）	lier des sacs ou des bourses（vp.捆扎口袋或钱袋）.
Pàn chŏ（板桌）①	
Kùi chă（水闸）②	reservoirs d'eau（np.蓄水池）.

（328页，左栏）

Yêu chă tĭ（油炸的）	frid dans l'huyle（ap.用油煎炸的）.
'Châ（茶）	un vase ou pot de *ch'â*（np.一壶或一钵茶）.
P'ùm ch'â（捧茶）	porter du *ch'â* au marché（vp.把茶担往市场）.
Tieñ chi ch'â（天池茶）	trois differences de fin *ch'â*（np.三种不同的优质茶）.
Yù ciên ch'â（雨前茶）	
Tum̄ cô ch'â（冬果茶）	
Ch'ā（差）	manquer, faillir, cesser（vi.缺少，失误，中止）.
Ch'ā tĕ yvèn（差得远）	deffaut, manquement, disette（n.欠缺，过失，贫乏）. grande elevation, grand felicité（np.崇高，鸿福）.③
Ch'à（叉）④	fourche ou fourchette（n.草叉，或餐叉）.
Hò ch'à（火叉）	pincettes（n.火钳）.
C'hàm（长，涨）⑤	croistre, augmenter, aggrandir（vi./vt.生长，增长，扩大）.

---

① 缺释义。
② *Kùi* 疑为 *Xùi*（水）之误。
③ 后一释义对应不明，疑为误植。
④ 此处及下一条的"叉"字，韵母 *a* 上的调符均误为黑点。
⑤ 本条注音不应带送气符。

Xèu chaṁ（手掌） la paulme de la main（np.手掌）.
Chaṁ ýn（掌印）①
Pā chaṁ（巴掌） soufflet, ou bien soufflement grand, qui a
Chaṁ ch'ira（掌□）② beaucoup creu（n.耳光，确切地说是指[打耳光、拍巴掌的]巨大的响声）.
Chaṁ pieñ（掌鞭） estable à chevaux（np.马棚）.
Kiā chaṁ（家长） don d'embarquement（np.船主）.③
Hoéi chaṁ（会长） la teste, le chef, le premier ou principal（n.首领，长官，为首者或要员）.
C'haṁ（常） la moitié des（np.某物的一半左右）.
Chaṁ fū（丈夫） le mary, l'espoux, l'homme de la femme（n.丈夫，夫，妇人的男人）.
Súon chaṁ（算账） faire compte, supputer（vp.算账，计算）.
Chaṁ çù（帐子④，战死⑤） tomber ou il tomboit（vi.阵亡，或战死）.
P'í chaṁ（辟帐） camper[,] dresser les tentes du camp（vp.野营，支起营帐）.
T'âo chaṁ（逃账）⑥ cacher les debtes ou ce qu'on droit（vp.隐瞒债务或其他方面的亏欠）.
Miṁ chaṁ（抿帐） crochet ou tout autre instrument qui accroche ou qui prend（n.挂钩，或任何用来悬挂东西的钉钩之类）.
Cù chaṁ（臌胀） hydropique（n.水肿）.
Cháṁ（长） long（a.长、远、长久的 n.长度）.
Cháṁ sù（常事）⑦ chose ordinaire（np.平常的事情）.

---

① 缺释义，可作手掌的印痕或掌握大印二解。
② 与"巴掌"当为关联词目，后一字音难以确认。
③ 旧时"家长"有船家之义。
④ 与下一条"辟帐"为关联词目，但缺释义。前后三例"帐"字误标为上声，当从"帷帐"（341页左），作 *cháṁ*，去声。
⑤ 今南京话"帐、战"仍同音。"死 *sù*"与"子 *çù*"虽然音近，拼法能分清楚，罕见相混。可比较"思 *sū*"，偶或作 *çu*（345页左、346页右）。
⑥ 此处的"账"，调符与上面"算帐"的"账"不一致。
⑦ *sù* 当为 *sú*（事）。

Yˊ chảm ti tú（异常的事）①	extraordinaire（a.不同寻常的）.
Chŏ chảm（出场）②	entrer & sortir（vp.入与出）.
Ciń chảm（进场）	
Chảm（尝）	gouster ce qu'on doit manger, ou qui peût estre mengé（vp.品味要吃的或能吃的东西）.
Chảm pú kieù.（常,不久）	à chasque pas, à tout moment, & à toute rencontre（pp.每一回，每时每刻，在所有的场合）.

（328页，右栏）

Chảm tuòn（长短）	long & court（ap.长和短）.
Gẻ chảm（日常）	bien & mal（ap.好和坏，无论好坏）.
Fī chảm nêm（非常能）③	n'avoir pas le pouvoir ordinaire（vp.不具备普通的能力）.
Ciẻ chảm（接长）	augmenter[,] accroistre（vt.增加，增长），amplifier de plus en plus（vp.逐渐扩大）.
Chảm fū（娼妇）	putain, femme qui court & qui est abandonnée（n.淫妇，即四处飘荡、遭人遗弃的女子）.
Chˊám（唱）	chanter（vt./vi.唱歌）.
Xū chảm（舒畅）	celuy-cy est couvert, couvé, fomenté ou bien estouffé（a.阴暗的，隐藏的，暗中策划的，憋闷的）.④
Pú xū chảm（不舒畅）	relasché[,] descouvert, ou joyeux（a.放松的，直率的，快乐的）.
Tản chảm（弹唱）	toucher, chanter（vt.弹奏，唱歌）.
Cō chản（歌唱）	chanter des chansons ou des hymnes（vp.唱曲子或颂歌）.
Yeù chán（邮站）	une journée de 60 ou 80 lieuës（np.约六十或八十里的日程）.⑤

---

① tú 为 sú 之误。
② 可能指出入考场。
③ 似乎正相反，当理解为具有异常的能力。
④ 本条释义和下一条释义，须对调才能对应。
⑤ 古时递送公文信件，以跑马传递称"驿"，中途休息之地为"驿站"；以步行传递称"邮"，夜宿之所即"邮站"。这里说的 60—80 里日程，便是指步行。

Chaō（招） appeller en faisant signe des mains（vp.做手势招唤）.

Caō pim̄（招兵）① lever des soldats, faire des troupe, & des levées（vp.招募士兵，建立军队，征兵）.

Chaō p'aî（招牌） enseigne de boutiques（np.店家的牌子）.

Chim̄ chaō（承招） dire ses fautes, advoüer ses pechés, & confesser ses crimes（vp.交代过错，承认罪行，忏悔罪过）.

Chào（爪） ongles ou griffes d'oyseau ou de passerau（np.鸟或雀的脚或爪子）.

Chào teû（兆头） marque, signe, indice, caractere, enseigne（n.痕迹，符号，标志，特征，标记）.

Chào xū（诏书） lettre, missive, epistre, du Roy ou edits de sa Majesté（np.君王的书信，或陛下的敕令）.

Chĕ chào（执着） certitude, assurance, infaillibilité（n.坚信，确定，绝对正确）.

Iem chaò（烟罩） une piece qui desrobe la veuë de la chandele, la quelle est faite à dessein pour n'estre pas incommodé de sa clarté（np.一种用来遮挡蜡烛的烟火，而又不影响其透光的器具）.

Hào chaò（好兆） bonne marque, bon pronostiq, bonne conjesture（np.好迹象，好兆头，向好的估测）.

Cháô（朝，潮） visiter le Roy, faire sa cour（vp.拜见君王，入宫），la mer（n.海潮）.

Cháô hŏ（朝贺） congratuler le Roy, feliciter sa Majesté（vp.向君王祝贺，恭喜陛下）.

（329页，左栏）

Tảm cháô（唐朝）②

Cháô kín（朝觐） les Mandarins vont à la cour tous les 3 ans.（s.官员每三年一上朝。）

---

① Caō，脱字母，当为 Chaō。

② 缺释义。

Chǎo siè（抄写）	translater, traduire, tourner d'une langue en une autre, copier, transcrire, transporter d'un lieu à un autre（vt.翻译，移译，即从一种语言转为另一种语言；照录，誊写，由一处誊至另一处）.
Chǎo y chǎo（抄译抄）①	le mesme（同上）.
Chǎo（炒）	façon ou maniere differente d'aprester, de donner goust aux viandes（np.做菜的各种方式，使食物具有香味）.
Chē yě těu fūm（遮日头风）②	se mettre à couvert du soleil（vp.遮住太阳光）.
Yù（雨）③	de la pluye, du vent（n.雨，风）.
Hoě chè（或者）④	par cas fortuit, par adventure, par occasion（pp.偶尔，偶或，有时）.
Ché（这）	cestuy-cy ou celuy-cy（pron.这个）.
Ché siē（这些）	ce petit nombre（np.这个小数目）.
Ché ki giñ（这几人）	ces hommes（np.这些人）.
Ché xî xieñ（这时间）⑤	cependant（ad.此时此刻），en attendant（pp.这期间），tandis（conj.而、随着）.
Chě（则，值）⑥	le fondement des choses, le principal d'un affaire（np.事物的基础，事情的原则）. force, valeur, puissance, prix（n.力量，价值，实力，价格）.
Chě ki ti（织机的）	tistre（a.编织的），tisseran（n.织布工）.
Chě（职，谪，织）	office（n.职位），oster（vt.剥夺），ou tirer l'eau de quelque chose（vp.从某物中抽出水

---

① 断为"抄，译抄"或"抄译，抄"都无不可。"抄译"和"译抄"意思无大区别，且早先都没有贬义。
② 当理解为"遮日头，遮风"，"风"的对应释义见于下一条。
③ 并非独立字目，而是"遮"的宾语。
④ *Hoě*为*Hoè*之误，"或"是入声字。
⑤ *xieñ*疑为*kieñ*（间）之误。手写的x和k很接近。
⑥ "则""值"同韵（职部），都是入声字，区别只在声母（精、章），而有些方言并不区分。

	来）①, doubler ou fourrer les habits（给衣服做衬里或毛皮夹里）.
Chĕ hiṁ（织衴）②	fourrure, doubleure（n.毛皮，衬里）.
Chĕ cú（执固）	oppiniastrement, obstinement, ne vouloir pas d'esmordre（ad.顽固地，固执地，即不肯让步）.
Chĕ xî（这时）③	mais plus ou d'avantage（adp.此外，更其）.
Chĕ quò（结果）④	à la bonne heure（pp.巧得很）.
Chĕ cū（鹧鸪）	perdrix（n.鹧鸪）.
Ch'ē（车）	un charriot, un coche, un carosse（n.两轮车，四轮车，战车）.
Ch'ē ciám（车匠）⑤	tournier ou tourneur（n.镟工或车工）.
Yâm téû ch'ē（羊头车）	charriot d'une roüe（n.独轮车）.
Lô ch'ē（骡车）	charriot à 4 roües（np.四轮车）.
Fuṁ ch'ē（风车）⑥	
Xiù ch'ē（水车）⑦	de l'eau（n.水[车]）.
Ch'è（车，扯）	pousser, encherir, monter, surpasser, exceder（vt.推进，抬高，提升，越过，超过）.
Chè xùi（车水）⑧	tirer de l'eau（vp.抽水）.

（329页，右栏）

Ch'è taón（扯断）⑨	tout ce qui se brise, se romp, qui se casse & se froisse en poussant（np.用力推拉时会发生的破碎、折断、撕裂、擦伤）.

---

① 可能指车水的"车"，注音有疑，见下。
② 与释义不尽相合，且误以为"衴"同音于"行"（xíng）。
③ 此条当对应于由介词短语担任的下一条释义。
④ *Chĕ*，疑为 *Kiĕ*（结）之误。
⑤ "车匠"不是造车或修车的工匠，而是"在木制的车床上用旋刀车旋小件圆形木器"的匠人（汪曾祺《戴车匠》一文有描述）。可参看 S 字音下的 *Sivén ciṁ*（镟匠）。
⑥ 此条缺少对应词。
⑦ *Xiù* 为误拼，见下下条 *Chè xùi*。
⑧ *Chè*，脱送气符。
⑨ *taón* 是误拼，当为 *tóan*。

Ch'è chú（扯住）	avoir la main à quelque chose（vp.伸手干预某事）.
Ch'ĕ（吃，赤）	manger（vt.吃）. lavé, cereuse, incarnat, vermeil（a.淡[红], 浅[红]白, 肉色的, 朱红色的）.
Yèn ch'ĕ（眼赤）	envie（n.嫉妒）.
Ch'ĕ xīm（赤身）	nud（a.光身的）, esconduit, envoyé, licentié, chassé, congedié（a.被撵出的，被遣送的，被解雇的，被驱逐的，遭辞退的）.
Kiŏ ch'ĕ（角尺）	une esquadre（n.角尺）.
Ch'ĕ lêam（吃粮）	estre payé du Roy. Mandarins（vp.领取皇家俸禄，指官员）.
Cheń（粘，毡）	cole①（n.糨糊）, coler, fermer, boucher（vt.粘贴，封闭，封堵）, du feutre（n.毛毡）.
Cheń tiaô（毡条）	Tapis de turquie velu, tapis de soye ou de laine pour une table, ou pour un banc, couverture de lit faite de coton, par terre, plancher de lambris ou de carraux de diverse couleur（np.用土耳其毛织的地毯，用来铺桌子或垫凳子的丝绸毯子或羊毛毯，棉制的毯子，铺在方砖地上或挂在壁板上的各色毛毯）.
Cheń pāo（毡包）	bourse pour les presents（np.盛礼品的袋子）.
Chèn te̊û（斩头）	couper la teste（vp.砍头）, descapiter（vt.斩首）.
Cheń chŏ（站着）	estre sur pied（vp.站立着）.
Cheń mà ch'ē（战马车）	chevaux de guerre ou de carosse（np.战马，或拉四轮车的马）.②
Ch'ên（缠）	lier ou attacher ensemble, faire des faix（vp.捆绑在一起；造成负担）.
Puôn cheń（盘缠）	despence ou frais du chemin（np.旅费，路资）.

---

① cole, 今拼 colle（黏合剂）。

② 可能是把"车马"理解为拉车的马。

Chen̊ sù（缠死）	estrangler[,] estouffer avec les mains（vp.掐死，用手闷死）.
Siào chen̊（小产）①	avortement（n.流产）.
'Cheū（妯）	fille（n.女孩、女儿）.
Cheū hîm（周行）	aller & venir（vp.去和来、来来往往）.
Cheū lieû t'ien hiá（周流天下）	aller deça & delà（vp.四处游走）.
Xeù cheù（手轴）②	manche ou manchon, lieu où on met les mains（n.袖子或手笼，置手之处）.
Cheú（昼）	jours sans nuit（np.白天）.
Che'û（绸，仇）	pieces de soye（np.一块块的丝织物），ennemis（n.仇敌）.
Che'û（抽）③	ruche ou autre chose qui a plusieurs trous, coffrét（n.蜂箱，或其他带有许多孔眼的东西；匣子）.
Che'û（丑）	il est meschant, pervers, malicieux, & sans ame（a.凶恶的，邪恶的，恶毒的，或者说没灵魂的）.

（330页，左栏）

Cheù k̇i（抽讫）④	il a donné, baillé.（s.已交付，已租出。）
Cheù chum̊（丑虫）	taon ou grosses mouches qui piquent beaucoup & bourdonnent toujours（n.马蝇，或成天嗡嗡叮咬的大苍蝇）.
Chī táo（知道）	sçavoir（vt.知道），estre sçavant, ou avoir goust（vp.有知识，或有鉴赏力），sentir, flairer（vt.领悟，察觉）.
Vû sò pú chī（无所不知）	il sçait tout.（s.他什么都懂。）
Sú chī（四肢）	les quatre membres（np.四肢）.
Xú chī（树枝）	ramau, branche（n.细枝，树枝），bouchon de

---

① "产"字的调符似有误。
② "手轴"即手卷，与释义不合。"轴"疑为"袖"之误。
③ 可能漏写了"屉"字。
④ "抽"犹收、出。

	taverne（np.饭店或酒馆的树篱）.
Chī fŭ（知府）	Gouverneur de ville（np.市长）.
Cheū hiem̄（州县）①	
Sciam̄ chī tĭ（相知的）	amis connus des long temps（np.认识很久的朋友）.
Chì（指，纸）	doigt de la main（np.手指）.
	papier（n.纸头）.
Xím chì（圣旨）	volonté du Roy（np.君王的旨意）.
Chì paí（纸牌）	cartes pour joüer（np.玩游戏的纸牌）.
Chí（治）	gouvernement（n.统治、治理）[,] providence（n.神意、天命）.
Chí k'í（志气）	grands Esprits（np.伟大的精神）.
Chí miṁ（致命）	donner la vie en mourant（vp.致使生命垂危）.
Chí sú（致事）	quitter son office, renoncer à sa charge（vp.辞职，弃官）.
Ch'î（迟）	tard（ad.迟、晚 n.晚间、暮年）.
Ch'î tam̄（池塘）	un estang（n.池塘）.
Ch'î çào（迟早）	ou tard ou promptement（adp.或迟或早），& à bonne heure（pp.及时）.
Ch'i mî（痴迷）	perdu pour quelque chose（ap.为某事着迷）.
Yâ ch'i（牙齿）	les dents（n.牙齿）.
Tieŭ ch'i（丢耻）	avoir honte, estre honteux（vp.羞愧，让人不齿）.
Ch'í（敕）②	
Chim̄（征）	conquerir（vt.征服），combatre, donner des batailles（vi./vp.战斗，打仗）.
Chim yvĕ（正月）	le premier mois de l'année（np.每年的第一个月）.
Chim̄ chén（征战）	faire la guerre（vp.打仗）.
Chim̄ cāo（蒸糕）	masse cuitte, paste cuitte avec un peu d'eau

---

① 当理解为"知州""知县"。
② 可能对应于本页前面出现过的 providence（神意、天命）。

	（np.熟面团，用少许水做熟的面糕）．
Chim̄（正，征，蒸）	
Chiḿ（政，证）	droit fidelle, veritable（np.始终如一的、真正的法律），porter tesmoignage（vp.提供证据）．
Chiḿ（正）	estre selon la justice & la raison（vp.遵循正义和理性）．
Chiḿ li（正理）	la pure verité（np.纯粹的真理）．

（330页，右栏）

Çó chiḿ（作证）①	draisser, diriger, ordonner, conduire, gouverner（vt.驯服，管理，整顿，率领，统治）．
Vaṁ chiḿ（王政）	porter tesmoignage（vp.提供证据），asseurer（vt.担保）．
Chiḿ gě（正入）	par force de calme, & de bonasse（pp.以平和而诚实的方式）．②
Tuí chiḿ（对证）	confronter les tesmoignages（vp.面对证据）．
Yǹ chíḿ（引证）	alleguer des tesmoins（vp.援引证据）．
Chiḿ（整）	accorder, convenir, agencer, apointer, disposer, traitter, remettre, rejoindre, composer, concerter（vt.调整，适应，安排，配置，处理，重整，组成，议定）．
Chiḿ xieú（整修）③	faire une chose nouvelle d'une vielle（vp.把旧物翻新）．
Chiḿ（成，城）	mettre la derniere main ou achever des murailles（vp.完工或完成，或建完高墙）．
Chi'ḿ ci'ḿ（澄清）	laisser poser deux liqueurs troubles（vp.将浑浊的液体静置一旁）．
Seṁ chiḿ（省城）	Metropolitaine（n.大都市）．

---

① 当与下一词目"王政"对调。
② 指合情合理地征赋。"正入"，正额收入，来路清楚的税赋。
③ xieú，疑为 cieú 之误。

Lú chim̀ (路程)	livre qui montre le chemin (np.展示道途的书册).
Hiá chim̀ (下程)	present de chemin ou de voyage (np.启程或旅行前送的礼物).
Chi'm̀ hoéi (承惠)	je reçois des presents. (s.我收下礼物。)
Chi'm̀ xiái (承诫)①	se corriger & se repentir (vp.改过并懊悔).
Chi'm̀ mà xiáo (乘马, 轿)②	monter à cheval, chaire (np.骑马；坐轿子).③
Tō chi'm̀ (多承)	recevoir beaucoup (vp.接受许多).
Chi'm̀ tò (城垛)	les craisnaux d'une muraille (np.城墙的雉堞).
Chi'm̀ sě (成色)	hauser de prix ou de valeur, rechercher la valeur, toucher l'or pour connoistre la valeur (vp.抬高价格或价值；寻求价值，掂量并断定金子的价值).
Chi'm̀ xî hoéi (乘时会)	prendre & se servir de l'occasion (vp.把握并利用时机).
Chim̀ (秤)	c'est une certaine chose qu'on appelle Dachem. (s.这是一种叫做"戥秤"的东西。)④
Chim̀ t'ò (秤砣)	Romain de Dachem (np.戥秤的杆子).
Chi'm̄ (称)	peser avec des balances (vp.用秤来称), estimer (vt.估算).
Cèm mǒ yám chim̄ hū ťa (怎么样称呼他)	comment vous traitteray je, quel titre vous doneray je. (s.我该怎样称呼您，我对您该用什么样的头衔。)
Chim̄ (针)⑤	egeüille (n.针), piquer (vt.刺、戳).
Yám chim̄ (扬针)⑥	saigner (vt.放血), tirer du sang, ouvrir la vaine (vp.抽血，切开静脉).

---

① xiái，疑为 kiái 之误。
② xiáo，疑为 kiáo 之误。
③ chaire（讲台），当为 chaise（椅子）。
④ Dachem，参见《葡汉词典》(162a)：Da chem（戥秤）。
⑤ "针"有名、动二义，分别对应于所给的两个法语词。
⑥ 针灸手法的一种。

（331页，左栏）

Chim̄（贞，真） chasteté, pudicité（n.贞洁，贞操），verité（n.真话、真相）.

Chim̄ xieú（针灸）① costique ou cauthere（n.灸器或灸剂）.

Tie chin（铁砧）② estoc ou enclume（n.长剑或铁砧）.

Chiñ chì（针黹） travaux à l'aigüeille（np.针线活儿）.

Chiñ ŭĕ（真约） fort propre, tres-convenable（ap.非常恰当，相当得体）.

Tim̄ chim̄（顶针，顶真）③

Chìm téû（枕头） chevet, cuissin（n.床头，垫子）.

Chìn ȳ（枕衣） traversin. cuissin（n.靠枕，垫子）.

Chìn pàn（砧板） table pour couper la chiair（np.切肉的木板）.

Chiń（阵） esquadre, rangée des gens de guerre, bataille（n./np.队列，士兵的列阵，会战）.

Tí chim̄（地震）④ tremblement de terre（np.地震）.

Xeù chiń（手震） trembler des mains（vp.手颤）.

Pài chiń（摆阵） mettre une armée en bataille（vp.将一支部队投入战斗）.

Chi'û（沉） aller au fond de l'eau（vp.落到水底）.

Chi'û hiam̄（沉香） aquilon, ou calambo qui est un nom propre（n.沉香，或沉香木，是专有名词）.

Chŏ（粥，竹） potage de ris dont les Indiëns se servent（np.印度人吃的一种米粥）. canne, roseau（n.竿茎，芦竹、芦苇）.

Chŏ siám（竹箱） pulpitre où on lit & où on enferme les livres, fait de roseaux（np.看书时用来放置或盛装书册的斜桌，以芦苇制成）.

Chŏ cañ（竹竿） une barre, ou une baston（n.杆子，或棍子）.

Chŏ sùn（竹笋） huille de Bambu, c'est un nom propre（np.竹

---

① xieú，疑为 kieù 之误，见 *Kieù pám*（灸盘），350 页右。
② "剑"和"砧"并不同音，但在记音者听来似乎一样。
③ 缺释义。
④ 韵尾有误，当从下一条改正。

	油，是专有名词）.①
Lỏ chỏ : yeû chỏ（落烛，油烛）	chandele, torche, flambeau（n.蜡烛，火炬，火把）.
Chỏ ciả̂m（筑墙）	faire des murailles de terre（vp.筑造土墙）.
Chỏ xeù（逐手）	par bouchées, un à un（pp.一口一口、一点一点，一个一个）.
Chỏ ciẻ（逐节）	une chose apres l'autre（np.一件事情接着另一件）. sortir, aller dehos（vi./vp.出去，出外）.②
Chỏ chỏ xim（擢，擢升）	faire l'office de Mandarin une fois（vp.履行一任官职）.
Chỏ tiú（黜退）③	priver d'office（vp.革职）.
Chỏ fán（触犯）	irriter son superieur（vp.激怒上司）.
Chū fỏ（诛拂）④	faire fascher un inferieur, le provoquer（vp.惹恼下属，使其怨愤）.
Chū（诸，猪）	tous（a.所有的、全部的）. pourceau（n.猪）.
Chiñ chū（珍珠）	parolles, discours（n.话，言谈）.⑤
Chī chū vàm（蜘蛛网）	l'araigne avec sa toile（np.蜘蛛和蛛网）.
Chù（主，嘱，煮，属，注）	don（n.先生），presant（a.恳切的、紧迫的），seigneur, maistre（n.老爷，主人），cuire, ou coudre（vt.烧煮，或指缝纫、缀连），des arrhes（n.定金、保证金）.⑥
Chà vên（主文）⑦	Advocat, Procureur（n.律师，检察官）.
Chù chām（主张）	jugement, gouvernement（n.判断，管理）.

---

① "竹笋"，重复条目（见362页右）。"竹油"无从对应。
② 动词义对应于"逐"。
③ *tiú* 为 *tủi*（退）之误。
④ 责备过甚，使其恼火。
⑤ 将言语理解为珠宝，盖得自成语"字字珠玑"。
⑥ presant，今拼 pressant（紧迫、恳切），对应于"嘱"（也写为"属"）；coudre（缝、缀），对应于"属"（如"属文"，把字词连接成文章）；des arrhes（定金），指赌钱时押的"注"。
⑦ *Chà* 为 *Chù* 之误。"主文"，掌管文案、撰拟文稿的吏员。

（331页，右栏）

Xeù chù（收储）	ajuster les choses（vp.调整事务），assembler [,] recüeillir（vt.集拢，收集）.
Ti chù（帝主）	les Autheurs, les Empereurs（n.诸神，诸帝）.
Chú（住，柱）	demeurer, rester（vi.居住，逗留），des colomnes, du bois（n.柱子，木头）.
Chú chum̂（蛀虫）	le ver qui est dans le bois（np.木头里的虫子）.
Nû chú（挐住）①	coller, attacher（vt.紧贴，缚住），assembler avec les mains（vp.用两手捉住）.
Làn chú（揽住）	embrasser（vt.抱住）.
Ch'ú（除）	tirer dehors（vp.除去、抽出）.
Ch'ú fam̂（厨房）	cuisine, bouillon, ou chadeau（n.厨房，小食铺）.②
Ch'ù（处）	rester, demeurer（vi.保持、相处，居住、处在）.
Ch'ù tú（处度）	mettre ordre ou disposer comme il faut un affaire（vp.理顺一件事情，或处置得当）.
Tâo ch'ù（捯处）③	
Nôn ch'ù（难处）④	dificile à remedier（ap.难以医治或补救）.
Tiáo ch'ù（貂鼠）⑤	Marthes, Gibellines, peaux precieuses（n.貂，黑貂，贵重的毛皮）.⑥
Ch'ú（处）	village ou bourg（n.村庄或乡镇）.
Ch'ú ço（处所）	village pour demeurer（np.可以逗留的村庄）.
Xeú ch'ú（受处）	le village où l'on va（np.前往的村庄）.

---

① "挐"，即"拿"。《康熙字典》引《方言》："挐，扬州会稽之语也。""拿"，今苏州话读为 [no²²³]，无锡话读为 [no¹³]（见《发音字典》），均可证本条所拼的 *nû* 也即"拿"。

② 末了一词 chadeau 义不明。

③ 似指追究、查处，缺释义。

④ *Nôn*，似为 *Nân*（难）之误。唐代李昌符《闷书》诗，有句"病来难处早秋天"。

⑤ 紫貂的别名。"鼠、处"同音（[chu³]），今南京话仍如是（见《发音字典》）。

⑥ Marthes, 今拼 martre（貂）；Gibellines, 今拼 zibeline（黑貂）。

Ch'ú ch'ú（处处） *L. táo ch'ú*（到处）①	en tout lieu（pp.在任何地方）.
Chaā（抓）②	causer de la demangaison（vp.引起瘙痒）.
Chuām（庄）	metairie ou lieu de plaisance（n.庄户，即娱乐场所）.③
Hiá chuām（下桩）	ficher, enfoncer, piloter, ou jetter des fondements sur des pilotis（vt.插入桩子，打进桩子，打桩，或用桩子奠基）.
Chuām liên（妆奁）	dot des femmes（np.女人的嫁妆）.
Chuām xiā（庄下）	villageoix（a.乡村的）.
Chuām pán（妆扮）	s'orner, s'ajuster, s'embellir（vr.打扮，整饰，妆点）.
Chuám（壮）	fort, qui est de durée（a.强壮的，即坚固耐久的）.
Chuám çù（状子）	demande, requeste, petition（n.诉愿，诉状，请愿书）.
Chuám（装，撞）	lier, relier（vt.黏合，装订），pousser, fermer une porte avec violence（vt./vp.推，用力关门）.
Chuám c'ai（撞开）	ouvrir quelque chose avec violence（vp.用力打开某物）.
Chȕam（创，疮）	playes, ulceres（n.创伤，溃疡）.
Chȕān hú（窗户）	fenestre（n.窗）.
Chȕān hiá（窗下）	escole, estude（n.学校，学习）.

（332页，左栏）

Túm chȕam（同窗）	condisciple, compagnon d'estude（n.同学，学习时的伙伴）.
Chȕam yeù（窗友）	le mesme（同上）.
Chȕâm（床）	petit lit, lit de repos pour le jour（n.小床，白

---

① L. 或 l. 表示"或者""均可"。

② 拼法有误，当为 *Chuā*。

③ 后一义似指茶庄。

	天休息用的卧榻）．
Pû chuâm（铺床）①	concerter dans la chambre（vp.整理卧室）．
Puòn chuâm（板床）	lit fermé avec des aix（np.用细木板钉成的床）．
Chuě（拙）	grossier, rude, mal poly, incivil（a.粗陋的，粗鲁的，没礼貌的，粗野的）．
Chuě cào（拙稿）	ma composition（n.我的文章）．
Chueñ（砖）	brique, tuile（n.砖，瓦）．
Chuēn tiñ（专心）②	appliquer son coeur, s'attacher（vp./vr.用心，专注）．
Chuèn（转）	se virer, se tourner（vr.旋转，转动）．
Fàn chuèn（反转）	se tourner à la renverse（vp.反向旋转）．
Chuèn ý（转意）	changer de dessein（vp.改变主意）．
Chuèn hûm（转红）	se rendre ou devenir vermeil（vp.发红或变红）．
Chuèn xiú laî（转去来）③	torner, aller, venir（vi.转身，去，来）．
Chuén（传）	histoire, commentaire（n.历史，评注）．
Xim̃ chuén（经传）④	texte, commentaire（n.[经典]文本，评注）．
Chuên（船，传）	ambarquement（n.船运），dilater, estendre, resserrer（vt.扩大，延展，收紧）⑤, racomter, redire（vt.讲述，复述）．
Chuên xí（传世）	deslivrer de main en main（vp.由一人传给另一人）．
Chuên（椽）⑥	les tuiles d'une maison（np.屋顶的瓦片）．
Chuêñ（传）	par succession de generation, de pere en fils（pp.代代相传，由父亲传给儿子）．

---

① 旧俗婚夜前数日，女方遣人往视婚房，打理床褥。
② *tiñ*，疑为 *siñ*（心）之误。
③ 犹 "转去转来" 或 "转过去转过来"，法文是在逐字释义。*xiú*，当为 *kiú*（去）之误。
④ *Xim̃*，为 *Kim̃*（经）之误。
⑤ resserrer（收紧、紧缩），可能对应于攒集的 "攒"（*cuán*）。
⑥ 释义与字目不对应。

Chúeñ（穿）	vestir, jurer①, enfiler（vt.穿衣，起誓，穿针）.
Chúeñ pě（川柏）	table de cedre（np.杉木板）.
X'í chuén（息喘）	respirer（vi.喘息）.
Chúen（串）	une enfileure（n.一串）.
Xeú chúen（手钏）	des brasselets（n.手镯）.
Chūi（缀）	
Chūi xù（缀镯）	une broche, ou esgüeille de pierre（n.胸针，或玉针）.
Chúi（坠）	sortir par en bas（vp.下坠）.
Xèn chúi（杉椎）	une sorte de bastons de bois d'hebene（np.一种用乌木制成的棍棒）.②
Chuî（槌）	marteau, qui pend par en bas（n.槌子，上头细下头粗）.
Mǒ chuî（木槌）	bois pour battre les habits（np.敲打衣裳的棒槌）.
Chuî tién（垂线）③	perpendiculaire（n.垂直线）.
Chuî（锤）	poids d'horologe（np.钟锤）.
Chuī（吹）	souffler（vt.吹气）.

（332页，右栏）

Chuī xèu（吹手）	joüeur de trompette（np.吹喇叭的乐手）.
Chuī hiù（吹谝）	solliciter à tenir la parolle ou la promesse & à l'accomplir（vp.诱使人相信其言，许诺能做到）.
Chuī chảm（吹唱）	toucher, tanter④（vt.弹拨，唱歌）.
Chum̄（中）	le milieu, le sein（n.中心，内里）.
Chum̌ chim̓（中证）⑤	témoignage（n.证词、证据）.

---

① jurer，疑为 jouer（装扮）之误。
② 乌木，亦称阴沉木，以杉木成者为多。
③ tién，疑为 sién（线）之误。
④ tanter，疑为 chanter（唱）之误。
⑤ "中证"，明清小说语言中常见，多指证人。

Chuɱ heú（忠厚）	droit, fidelle（a.正直的，忠诚的）.
Chuɱ chiñ（忠臣，忠忱）	vassal, fidelle, qui tient sa parolle（np.能信守诺言的忠实的臣属），religieux, loyal, amy du bien commun（np.虔敬而忠心的，有共同操守的朋友）.
Chuɱ seɱ（终生）	toute la vie（np.毕生），pandant la vie（pp.一生期间）.
Chuɱ çiɱ（衷情）	les inclinations secretes & les passions secretes du coeur（np.心中秘密的意向或热情）.
Chuɱ cieū（中秋）	le 15 de la 8 lune（np.阴历八月十五日）.
Chuɱ yâm（中阳）	le 9 de la 9 lune（np.阴历九月九日）.
Chuɱ hô（中和）	temperé, moderé（a.温和而有节制的，适度而稳健的）.
Suɱ́ chuɱ（送终）	accompagner, suivre, ou bien un mourant, moribond, & qui s'en va rendre l'ame（vp.陪伴、跟随临终或濒死的人，直到他去世）.
Taô chuɱ（到终）①	à toy j'acheve, à toy à la mort.（s.我为你而来，陪伴你到终了。）
Chùm（种）	la semence（n.种子），jetter la semence ou semer（vp.撒种或播种）.
Hoâm chuɱ̀（黄肿）	hydropique（n.水肿）.
Chuɱ́（种，重）	semer（vt.播种）. passé（a.从前的、过时的），faire cas & estime（vp.器重、看重）.
Chuɱ gîn（众人）	tous（pron.所有的人）.
Chúm（仲）②	
chuñ（春）	le printemps（n.春天）.
hiá（夏）	c'est à dire l'esté（n.夏天）.
veú（秋）③	（也即） l'automne（n.秋天）.
tuɱ̄（冬）	l'hiver（n.冬天）.
Chuɱ́（重）	le double（n.两个），au double（pp.双重），

---

① Taô 为 Taó 之误。

② "仲"，当指春夏秋冬每一季的中间一月，此处则被理解为泛称。

③ veú，很奇怪的拼法，应该是 cieū（秋）。

汉法词典 35

       ou deux fois autant（adp.两次一样）.

Kiù chủm tieñ（九重天） les noeuf Cieux（np.九层苍穹）.

Chủm ŷ（虫蚁） des vers（n.虫子）.

Chûm tiŏ（重吊）① doubleure de vestements, fourreures d'habits（np.外套的衬里，衣裳的毛皮夹里）.

Chủm ngái（宠爱） amour du Roy & Seigneur（np.君王或老爷的心爱）. grace（n.恩惠）.

Lim chủm（令宠） vostre concubine（np.阁下的爱妾）.

Chủm（铳，芫）② une espece d'arme longue comme un javelot（np.一种长度同于标枪的火器）, langue de bœuf, ou pertuisane（np.牛舌草，或指阔头枪）.

       （333页，左栏）

Chùm（准） approuver, verifier, esprouver（vt.准许，核实，检验）.

Chun hái（准债）③ payer ses debtes en troc ou en autres choses（vp.以实物或其他东西代还债务）.

Chùn（准） trocquer une chose avec une autre（vp.以一物换另一物）.

Ç'iû chuñ（聚唇）④ querelle（n.争吵）, debat de bouche & de parolle（np.辩嘴和舌战）.

Chuñ（春） le printemps（n.春天）.

Chuñ sĕ（春色） la fraischeur du printemps（np.春天里的新鲜清爽）.

Chuñ fueñ（春分） l'equinoxe d'esté（np.春分）.⑤

Ch'ùn（蠢） petite beste, petite brute（np.小笨蛋，小畜生）.

---

① 给皮袄加衬一层里子，称为"吊"，动词。
② "芫"，即益母草，与牛舌草非同一物，但都可入药，都用于治妇科病。
③ *hái*，脱一字母，当为 *chái*（债）。
④ 犹噘唇，恼怒状。
⑤ 法文对译有误，当为 l'équinoxe de printemps。

Ci

Cì（挤）	exprimer, prononcer, espendre[①], presser（vt.挤压，发音，压榨）.
Cì jû（挤乳）	moucher[②]（vt.擤鼻涕）.
Cì pú hiá（挤不下）	il ne contient pas d'avantage, &c.（s.装不下更多，等等。）
Cí sú（祭祀）	sacrifier, immoler（vt.祭献，宰杀以祭），offrir des victimes & des sacrifices（vp.供奉牺牲）.
Yàm ci yuén（养济院）	hospital（n.医院）.
C'î（齐）	esgal（a.一样的），esgalité（n.同样、平等）.
C'î pí leào（齐毕了）	il est desja fait, tout à l'heure, il est achevé.（s.已做好，已完成。）[③]
yĕ c'î（一齐）	tout d'un coup, d'une seule fois（pp.一下子，一次）.
Tú c'î（肚脐）	le nombril（n.肚脐）.
C'î cù（妻子）	la femme（n.妻子）.
C'ì ciâm（起墙）	fabriquer, construire, bastir, forger（vt.制造，建造，建筑，锻造）.
C'í kiaī（砌街）	batre les ruës（vp.砸实街路）.
Ciam̀（将，浆）	estre pour faire quelque chose（vp.准备做某事）. potage de riz dont usent les Indiëns（np.印度人喝的米粥）. gommer les habits（vp.浆洗衣裳）.
Ciam̀ laî（将来）	d'hores en avant（np.未来的时刻）.
Ciam̀ sim̀（将信）	d'un costé je le croy de l'autre non.（s.我一边相信一边怀疑。）
Ciam̀ ŷ（将疑）	idem, le mesme（同上）.[④]
Ciam̀（桨）	rame, aviron（n.桨，橹）.

---

① 此词查无着落。
② moucher 还有剪烛花之义，也无法与汉语词目对应。
③ tout à l'heure（马上、立即）疑为衍词；或为误植，属于下一词目的释义。
④ 这是把一个成语拆成两半，以为是同义词。

Cháo ciaṁ（棹桨）	ramer avec des avirons（vp.用桨划船）.
Ciaṁ ch'ueń（桨船）	embarquement d'avirons（np.用桨靠船）.
Paō ciaṁ（褒奖）	loüer（vt.褒奖）.
Ciaṁ kiueń（奖劝）	animer par la loüange（vp.以奖励鼓舞士气）.

（333页，右栏）

Ciaṁ hiù（奖许）	loüer pour animer（vp.夸奖以激励）.
Ciaṁ xàm（奖赏）	les premieres actions heroïques（np.一流的英勇行为）.①
Qùo ciaṁ（过奖）	passer nos loüanges（vp.超过了我们应受的夸奖）.
Ciàm yeû（酱油）	millet, temperé, hiulle de millet（np.经过加工的黍稷，即粟油）.
Ciàm kiuñ（将军）	vaillant & genereux Capitaine（np.骁勇善战的总指挥官）.
Mḿ ciám（名将）②	fameux & renommé Capitaine（np.声名卓著的指挥官）.
Ci'âm sí（详细）	nouvellement（ad.新近、刚刚），distinctement（ad.清清楚楚地、头绪分明地）.
Ci'âm（墙）	des parois, des murailles（n.壁，墙）.
Ci'âm kiǒ（墙脚）	fondement ou la tige de（n.墙脚，墙基）.
Caō c'iaṁ（高羌）	la race des parens du Roy（np.君王的先祖一族）.
Cia'ṁ（枪）	une lance（n.长枪）.
Cia'ṁ xeù（枪手）	un piquier ou soldat à la pique（n.标枪投手，即使用标枪的士兵）.
Ci'àm（抢）	prendre（vt.攫夺），empoigner par force（vp.用武力抓取）.
Lân ci'àm（拦抢）	voler sur les grands chemins（vp.在大街上行盗）.
Ciaō（焦）	tristesse, affliction（n.悲伤，痛苦）.

---

① 起首遗漏了 loüer（褒奖）一词。
② *Mḿ*，当为 *Miḿ*。见 *Miḿ xiṁ*（名声）（366 页左）。

Siñ ciaō（心焦）	ennuyé, fasché, desgousté, triste（a.恼火的，气愤的，讨厌的，忧伤的）.
Hû ciaō（胡椒）	poivre, herbe qui à le goût de poivre（n.胡椒，一种有胡椒味的植物）.
Pā ciaō（芭蕉）	figue d'Inde（np.印度无花果）.①
Ciào miĕ（剿灭）	mettre tout à feu & à sang（vp.屠戮殆尽）.
Tá ciáo（打醮）②	faire procession（vp.迎神）.
Ci'âo fū（樵夫）	ceux qui coupent du bois（cl.砍伐树木的人）.
Ciǎō（锹）	la pale dont on tire le feu du four（np.用来取炉火的锹）.
Ciǎō t̉ù（锹土）	tirer ou lever la terre avec un pasle（vp.用锹挖土或掀土）.
Hò ciǎō（火锹）	palle du rosti ou brullé（np.烘烤用的锹）.
Ci'ào ci'ào（悄悄）③	un jeu qu'on fait par lequel on voyle un de la compagnie, lequel estant ainsi voylé doit trouver les autres qui sont cachés（np.一种游戏，其中一人被蒙上面罩，要找到其他躲藏起来的玩伴）.
Ci'ào gên（憔然）	desastreusement（ad.糟糕透顶），par malheur（pp.很不幸）.
Jé ciè（舍姐）④	soeur ainée（np.姐姐）.
Cĥ ciè（二姐）⑤	soeur cadette（np.妹妹）.

（334页，左栏）

Cié（借）	prester pour quelque temps（vp.借贷一段时间）.
Cié xì t̉ā（借使他）⑥	prester（vt.①借予、提供 ②致使、引起）.

---

① 印度无花果，一指某种仙人掌果，一指印度榕树，与芭蕉都不同属。
② Tá 当为 Tà。
③ 似非这种游戏的本名。
④ Jé 为 Xé（舍）之误。
⑤ Cĥ 为 Lĥ（二）之误。
⑥ 当理解为"借他，使他"，才能与 prester（= prêter）的两个意思对应。

Yù tā（与他）	prester（vt.借予）, bailler en prest（vp.租给）.
Cié caî tí（借该的）	presté（a.借给的）, baillé en prest（ap.租来的）.
Cié yúm（借用）	prendre ce qui est presté（vp.使用借来的东西）.
Ciĕ xǒ（接宿）①	aller au devant des logeurs pour les recevoir（vp.走上前迎接房客）.
Yḿ ciĕ（迎接）	le mesme（同上）.
Ciĕ（接，睫，节，击，脊，迹，积，绩）②	
Yèn ciĕ（眼睫）	le paupieres des yeux（np.眼睑）.
Keñ ciĕ（筋节）	la jonctures des nerfs（np.神经节）.
Ciĕ k'i（节气）	les 24 signes du zodiaque（np.黄道的24个标识）.
Mǒ ciĕ（目击）	voir comme si c'estoit de ses propres yeux（vp.亲眼看见）.
Niên ciĕ（年节）	nouvelle année（np.新年）.
Teṁ ciĕ（灯节）	festes des lanternes（np.张灯的节庆）.
Tuṁ ciĕ（冬节）	festes du solstice d'hiver（np.冬至之日过的节）.
Tuòn ù（端午）③	
Chūm yâm（中阳）	deux festes de 5 jours, de 9 jours, & du noeufviesme de la lune（np.两个节日，一次为五天，一次为九天，在阴历月的第九天）.④
Ciĕ lì（节礼）	presents de ces festes（np.每逢这一类节日送的礼物）.
Ciĕ（接）	faire aller à mesme temps la teste & les pieds,

---

① "宿"，他处标为 *sǒ* 或 *çiu*。

② 缺法文释义，也许是因为对应的字太多。读此音的入声字，本页前后出现了八个，或单独作为字目，或组成词目。

③ 缺释义，第一个字音的调符有疑。

④ 阴历月的第九天，盖指重阳节，阴历九月初九。余说似不确。

	& les unir ensemble（vp.把头与尾连接起来，使之合为一个整体）.
Poí ciĕ（背脊）	l'espine du dos（np.脊梁骨）.
Xim ciĕ（圣迹）	miracle, prodige, merveille（n.奇迹，奇观，奇异的现象）.
Ciĕ cūm（积功，绩功）	accumuler（vt.积聚），merite, surmerite, loyer, recompence（n.优点，功绩，酬金，奖赏）.
C'iĕ（妾）	concubine, putain à pot & à feu（n.妾，操持家务的贱女人）.
Tiĕ suí（跌碎）	couper par le milieu（vp.从中间折断）.
Yĕ ciĕ（一切）	tout à la fois, tout d'un coup（pp.一下子，一记）.
Ci'm̂ ciĕ（情切）	de coeur & d'affection（pp.心中充满情意）.
C'iĕ（漆）	vernisé（n.油漆）.
Xám ciĕ（上漆）	frotter doucement oindre vernié（vp.轻轻涂一层油漆）.
K'ivèn ciĕ（权且）	pour un cepandant, en attendant（pp.一时，暂时）.
Keù ci'ĕ（苟且）	sans consideration（pp.欠考虑）.
Cieñ（尖）	aigu, subtil, fin（a.尖锐的，纤细的，精微的），aiguiser（vp.磨尖）.
Mŏ cieñ（木尖）	un coin de bois（np.木楔子）.
Cièn（剪）	couper（vt.切断），tailler avec des cyseaux（vp.用剪刀切断）.
Cièn taó（剪盗）	couper des bourses（vp.剪断钱包）.

（334页，右栏）

Cièn lieû（剪绺）	comme les larrons, & les voleurs（cp.如同盗贼和小偷那样）.
Cién（箭）	darder des flesches（vp.射箭）.
Cién tân çù（建堂子）	accommoder les maisons（vp.修缮房子）.
Cién tum̀（箭筒）①	la petite bourse où les Mandarins tiennent les

---

① 正式的名称是"鱼袋""算袋"，与箭筒只是相似而已。

	crochets qui servent à accrocher（np.官员盛物的小口袋，其上有挂钩）.
Ç'ào cién（草荐）	cuissin de paille ou chevet de paille（np.稻草做的垫子或枕头）.
Cién yèn（简言）①	avec une simple parolle（pp.用简单的言辞）.
Cién quéi（僭位）②	occuper. Lieu, ville, ou bourg（vp.占据一地，如城市或乡镇）.
Cién kiù（荐举）	proposer, inculquer（vt.建议，教诲）.
Cién chĕ（贱职）	mon bas office（np.在下卑微的职务）.
Ciéṅ heú（前后）	par devant & par d'errire（pp.前面和后面），caisse, coffre（n.胸，胸部）.
Ciàm cieṅ（奖钱）③	poil（n.绒毛），passer（vi.经过）.
Mień cień（面前）	devant quelqu'un（pp.在某人跟前）.
Puèn cień（本钱）	capital, fonds（n.资本，资金）.
Lí cień（利钱）	gain, profit, advantage, utilité（n.收入，利润，利益，实利）.
Chén cień（栈钱）	la part ou portion que l'on donne aux mediateurs（np.付给中人的那部分钱）.
Cieṅ（千）	mille（num.一千）.
Cieṅ xén（迁善）	se changer pour mieux（vp.变好）.
Chéū cieṅ（抽签）	tirer au sort（vp.抽签）.
Cieṅ k'iṅ（搴斤）	instrument pour tirer les clous（np.拔钉子的工具）.
Cieṅ jă（签押）	s'assigner（vr.签名），se montrer soy mesme（vp.亲自出面）.
Cie'ṅ（浅）	peu profond（ap.不深），qui darde les flesches, ou qui fait les arcs（cl.射箭者，或制弓者）.④
Xùi cie'ṅ（水浅）	bancs de sable（np.沙洲）.
Cie'ṅ ch'ù（浅渚）	le mesme（同上）.

---

① 调符有误，当标为 cièn yên。
② "僭位"，犹僭伪，非法割据一方。
③ 释义当属误植。
④ 后两个短语当列于"箭"之下。

Cién（堑）	bornes, fin, terme, limites（n.边界，尽头，限界，限度）.
Tiēn cień（天堑）	le mesme, ou fin de diverses choses（np.同上，指各类事物的终极）.
Cieù（酒）	du vin（n.酒）.
Xaō cieù（烧酒）	narines fendües ou nazeau fendu（np.人或牲畜张开的鼻孔）.
Cieú（觩）①	lieu（n.地方）.②
Ciam̄ cieú（将就）	en attendant（pp.暂时），cepandant（ad.当时）.
Cieū（秋）③	l'automne（n.秋天）.
Cim̄（精）	achevé, parfait, accomply（a.完美的，圆满的，完善的）.
Cim̄ xim̄（精神）	disposition de corps（np.机体的内在倾向）.

（335页，左栏）

Cim̄ xiaò（精巧）④	spirituel, ingenieux, inventif（a.机智的，灵巧的，有创思的）.
Cim̄ ch'â（精茶）⑤	
Cim̄ t'âm（清汤）⑥	du boüillon, pur（n.汤，纯的）.
Cim̀（井）	un puy（n.一口井）.⑦
Xî cim̀（石精）	une certaine pierre qui s'engendre dans les entrailles, & dans les glandes de la gorge de la chevre sauvage des Indes, bonne contre le poison & la poudre qu'on appelle Bezoard（np.一种石子，长在脏腑内或印度野羊的喉道

---

① "觩"，对应于上一条释义，虽然并不准确。《康熙字典》引《唐韵》"巨鸠切"，即此音。
② 可能对应于"就"，如 au lieu de（代以）、tenir lieu de（代用为），有就合之义。
③ 脱送气符，当标为 C'ieū（332 页右）。
④ xiaò 为 kiaò（巧）之误。
⑤ 无法文释义。北宋蔡襄《暑热帖》，谓"精茶数片"，可以消暑。
⑥ Cim̄，脱送气符，见下，字目 C'im̄（清）。
⑦ puy，后尾脱字母 s，见下条。今拼为 puits（井）。

	里，能抗毒，其粉剂称为"牛黄"）．
Ciḿ laḿ（井栏）	la margelle ou l'embouchure d'un puys（np.井边的石栏或井口）．
T'áo ciḿ（淘井）	netoyer un puys（vp.清洗一口井）．
Ciḿ（静）	quoy[①], paisible（a.安定的），en repos（pp.歇息中、静止不动），tranquille（a.平静的）．
Mě ciḿ（暮境）	homme retiré, solitaire（np.已退休而孤寂独处的人）．
Cañ ciḿ（干净）	net, pur, sincere, clair（a.清洁的，纯净的，真诚的，清晰的）．
Jàm ciḿ（养静）	se retirer & se separer, renoncer aux visites（vp.退休且独居，谢绝宾客）．
Ciḿ（情）	souffrance, douleur, affliction（n.痛苦，苦楚，受苦）．
Siḿ ciḿ（性情）	naturel inclination（np.天生的倾向）．
Vû ċiḿ（无情）	sans affection, ingrat（pp.没有感情，忘恩负义）．
Chi'ḿ yvén（诚愿）	de bonne volonté（pp.出于自愿）．
Pú xún ci'ḿ（不顺情）	ne se mouvoir point（vp.毫不动情）．
Xeú giñ si'ḿ（受人情）[②]	recevoir ou accepter les largesses qu'on fait（vp.领受或收纳他人的馈赠）．
C'iṁ（清）	clair, pur, & net（a.清澈的，纯净的，纯粹的）．
Xě ci'ṁ（石青）	de tres-bel azur d'outre mer（pp.有如外海的天蓝色）．
Cim cím（真净）	du plus pur（pp.极为纯净）．
Ciḿ meú（青茂）	verdure des herbes（np.草木之青绿）．
Ci'ṁ（请）	convier, inviter（vt.宴请，邀请），prier de venir à un festin（vp.请人来庆贺节日）．
Ci'ṁ veń（请问）	j'interroge, je demende.（s.我有疑问，我想知道。）

---

① 今拼 quoi（什么），疑问代词，此处作用不明。

② si'ṁ为 ċiḿ 之误。

Ci'm̀ kiáo（请教）	dites je vous prie.（s.请告诉我。）
Ci'm̀ pień（请便）	à la volonté, selon l'inclination（pp.随意，随性）.
Ciñ yě（津液）	liqueurs, humeur（n.液体，体液）.
Keù ciñ（口津）	crachat, salive（n.唾液，口水）.
Ciń（尽，晋，进，近）	achever, esguiser（vt.完成，起草），loüer（vt.褒奖），affermer, prester（vt.租借，出借），accommoder（vt.使适应于）.
Ciń cień（进前）	entrer par devant（vp.向前进）.
Ciń hiam̄（进香）	aller en pelerinage（vp.去朝圣、进香）.

（335页，右栏）

Ciń xén（进膳）	porter à menger au Roy（vp.向君王奉上膳食）.
Ciń puèn fúen（尽本分）	faire son obligation & son devoir（vp.尽自己的义务，担起一己的责任）.
Ciń siñ liě（尽心力）	vuider le cœur par force（vp.用尽心思）.
Hōei ciń（灰烬）	bruller entierement（vp.焚烧殆尽）.
Ciń piaò（进表）	congratuler le Roy, luy faire des presents de congratulation（vp.向君王祝贺，向君王进献贺礼）.
Ci'ñ（亲，侵）	parens（n.亲属），conquerir（vt.征服），faire（vi.做、干、为）①.
Ci'ñ fám（侵犯）	perte（n.损失），dommage de guerre（np.战争带来的损害）.
Ci'ñ chén（侵占）	conquerir par force（vp.以武力攻占）.
Ci'ñ meû（亲谋）	pour ou par, ou à traces（pp.追随或寻迹）.
Ciǒ（爵）	rente du Roy（np.皇家给予的俸禄），coupe, calice（n.杯子，圣餐杯）.
Xiḿ çiǒ（圣爵）	calice pour la messe（np.做弥撒用的杯子）.
Çiǒ cán（嚼烂）②	bien mascher（vp.嚼得透。）.

---

① faire（做），不明所指，许是因为"躬亲"有做事的意思。

② cán 为 lán（烂）之误。

Tieñ çiŏ（天爵）	la vertu（n.美德）.
Mà çiŏ（马嚼）	le paradis（n.天堂）.①
Yūm çiū（匀距）	Aposteme（n.边心距）.
Ciú caî（聚才）	assembler l'action（vp.聚集力量）.
Ciú hóei（聚会）	s'assembler（vr.聚集、集会）.
Ciú kiuñ mà（聚军马）	assembler l'armée（vp.集结军队）.
Ciuĕ（撅）	couper entierement（vp.彻底掰断）.
Ciuĕ（绝）{ *sĕ*（色） *caî*（财） *ý*（意） }	trois voeux（三个誓愿）{ chasteté（n.贞洁）. pauvreté（n.甘贫）. obeyssance（n.顺从）. }
Pû ciuĕ（不绝）②	estre interrumpu（vp.[被]中断）.
Ciuén（泉，全）③	fonteine（n.泉）, entier（a.完全的、完整的）.
Páo tŏ ciuên（趵突泉）	eau rejalissant（np.喷水泉）.
Ci'ūen（荃）④	canada（n.一种香蕉苹果）.
Ci'ūen t'î（荃蹄，全屈）⑤	peine à arracher（np.不易摆脱）, difficille à desraciner（ap.难以根除）, commode. charpentier（n.屉柜、五斗橱；木器制作）.
Ciún mà（骏马）	beau cheval（np.良马）.
Ciún（俊）	beau, agreable, gratieux（a.漂亮的，怡人的，优雅的）.

Co

Cō lh（歌儿）	une chanson, un cantique（n.歌曲，曲子）.
Can cō（干戈）	armes de main（np.手执的兵器）.
Cō xī（歌诗）	chanter des rimes & des vers（vp.咏唱带韵的诗文）.
Quò. l. cò（果）⑥	toute sorte de fruit（np.各种各样的水果）.

---

① 当与上一词目"天爵"有关，"马嚼"缺释义。
② *Pû* 为 *Pú* 之误。"不绝"指不间断，法文释义恰相反。
③ 调符当改从下一例"泉"。
④ "荃"，古指一种香草。
⑤ "荃蹄"，语出《庄子·外物》，泛指必要的工具和手段。
⑥ 一字两标，读音略异：*quò* 有介音，*cò* 没有介音。

Cò gên（果然）	assurement, certainement（ad.确实，当然）.
Pāo cò（包裹）	empaqueter, lier, emmailloter（vt.打包，捆缚，包扎）.
Cǒ（谷，骨，鹄）	valée（n.山谷），os（n.骨头）. but ou blanc（n.目标，或靶心）.

（336页，左栏）

Chúm cǒ（中鹄）	donner au blanc, tirer au but（vp.直截了当，正中标的）.
Ciě cǒ（节骨）	espineux, rude, piquant（a.带刺的，粗硬的，扎人的）.
Cǒ p'aî（骨牌）	des pieces ou des mourceaux d'os（np.一个个或一块块的骨件）.
U`cǒ（五谷）	5 sortes de vivres ou de nourriture（np.五种食粮或食品）.
C'ō（科）	ordonner un examen（vp.布置考试）.
X'é c'ō（设科）	instituër ou establir un examen（vp.设置考试或建立考试制度）.
C'ō kiù（科举）	oprouvé par l'examen de *do kiù gîn*（vp.通过考试批准"读举人"）.
C'ò（可）	digne, convenable（a.值得的，合宜的），peût-estre（ad.或许、可能）.
Yǒ c'ò xú（一棵树）①	un arbre（n.一棵树）.
Ván pú c'ò（万不可）	pour aucun accident, ou chose que ce soit（pp.无论如何不要，或不管发生什么事）.
Nîm c'ò（宁可）	je demande auparavant.（s.我请求在先。）②
C'ò ỳ（可以）	peût-estre（ad.或许），il faut, il convient（vp.应该，很合适）.
Pú chi c'ò pù c'ò（不知可不可）	je ne sçay s'il est bon ou non.（s.我不知道这样好不好。）
C'ò c'êm（可乘）	siege, place（n.座位，位子）.

---

① Yǒ 为 Yě（一）之误。

② 意即宁愿如何。

C'ò ú : ngái（可恶，可爱）	digne d'amour ou de haine（ap.值得爱或憎恶）.
C'ò tiáo（可笑）①	digne de risée（值得一笑）.
Gĕ có（日课）	l'attasche journaliere ou ce qu'on a à faire chasque jour（np.每天必须完成的任务，或每天要做的事情）.
Jūm có（庸课）	le mesme（同上）.
C'ŏ（壳）	soye②（n.蚕丝），cocque d'oeuf ou fruit（np.鸡蛋的壳或水果的皮）.
Fă cŏ（发壳）③	ver à soye（np.蚕）.
Kĕù cŏ（口壳）	sans soye & sans place（pp.不出丝的、毫无用处的[破口蚕壳]）.
C'ŏ（哭，酷）	pleurer（vi.哭），chose cruelle（np.残酷的事情）.
Çò（左）	gauche（a./n.左、左边），gaucher（n.左撇子）.
Siām çò（相左）	estre de contraire sentiment, ne se rencontrer pas（vp.与意愿相违，不相符合）.
Çó（做）	fere. estre（vi.做；是）.④
Yĕ çó chi'm̂（一座城）	une muraille（n.城墙）.
Çó t'âm（坐堂）	faire ou donner audience comme les Mandarins（vp.官员当庭理事）.
Çó ch'âo（坐朝）	Roy（n.君王[上朝理政]）.
Çó chuên（座船）	embarquement des Mandarins（np.官员坐船航行）.
Çŏ çù（凿子）	scolpellus ou scolpelle, nom propre（n.一种雕刻用刀，专有名词）. user d'elle（vp.使用这种刀具）.

---

① *tiáo* 为 *siáo*（笑）之误。
② 今拼 soie（蚕丝、丝织品），此处当指蚕壳。
③ 与释义不甚对应，但有关联。当指蚕虫破壳，因有成语"破茧而出"。
④ fere, 疑为 faire（做、干、造）的异拼。把"做"理解为系词，可参看《官话词汇》(p.199) 对 Ser（是）的释义：某人"做官"，意即他是官员。

（336页，右栏）

Çŏ（族，足）	parenté（n.族系），il suffit.（s.这足够了。）
Pú çŏ（不足）	il ne suffit pas.（s.这不够。）
Fú çŏ（富足）	riche à sufisance（ap.非常富有）.
Çŏ mô（琢磨）	limer, polir, brunir（vt.修饰，润色，磨光）.
Çŏ ch'ā（作差）	labourer（vt.劳作）.
Ciù（举）	armer（vt.武装起来）.
C'iù chŏ laî（取出来）	tirer ou pousser dehors（vp.抽出或推出）.
C'iù lŏ（取乐）	se reposer, se rejouïr（vr.休憩，娱乐），se donner de bon temps, ne rien faire（vp.消遣时光，无所事事），chaumer（vi.[羊群]聚拢歇息）.
Ci'ù chói（取债）①	cacher les dettes（vp.躲债）.
Ci'ù tem̄（取灯）	meche pour allumer des chandelles（np.用来点蜡烛的捻子）.
Yeù c'iú（有趣）	sans grace, sans façon（pp.不讲究，不拘礼）.
Mŏ c'iú（没趣）	estre sans honte & sans honneur, avoir un front d'airain & de fer（vp.不知羞，无耻，铁石心肠）.
C'iú（娶）②	espouser deux hommes（vp.两人结为夫妻）.
Ç'ō lâi ti cî siĕ（初来的时节）③	au commencement de ma venüe ou de mon arrivée（vp.我刚来到或抵达的时候）.
Ç'ō hiŏ（初学）	commencer, estudier（vt.开始，学习）.
Ç'ō yĕ（初一）	le 1. jour de la lune（np.阴历月的第一日）.
Tam̄ c'ō（当初）	le commencement ou le principe de quelque chose（np.一件事情的开头或起源）.

Cū

Cū（孤）	Orphelin（n.孤儿）.
Cū tie（箍铁）	conserver（vt.保存）. estre attentif（vp.十分

---

① 意思与释义正相反。

② 调符有疑。"娶"字组成复合词"婚娶""嫁娶"等，才与法文释义相当。

③ cî siĕ，当拼为 xî kiĕ（时节）。

	小心）.①
T'ĕ cū（铁箍）②	un arc de fer（np.铁弧、铁圈）.
Cū t'ūm（箍桶）	le mesme（同上）.
Cù xî（古时）	antiquité, ancienneté（n.古代，远古）.
Cù yù（古语）	un ancien proverbe, façon de parler ancienne（np.古代谚语，说话古香古色的方式）.
Cú（固，雇，顾）	se saisir（vr.抓住、占有），prendre, proteger（vt.雇用，防护），s'informer pour quelqu'un loger ou conduire les ames. les hommes（vp.打听住处，或关心、照料他人）.
Cú cum̄（雇工）	loüer pour traivailler（vp.雇人干活）.
Cú ý（故意）	à dessein（pp.有意、存心）.
C'ū（枯）	sec comme un arbre（ap.干枯，比如树木）.
C'ù leû（骷髅）	charnier ou lieu où on met les testes des mors（np.埋葬死者头颅的场所）.
C'ù（苦）	aigre comme un fruit qui n'est pas meur（ap.酸涩的，比如未熟的水果）.

（337页，左栏）

Siñ c'ù（辛苦）	travail, labeur, peine, affliction（n.劳作，苦活，辛苦，苦难）.
C'ú ću fam（库贮房）	celier, d'epense, lieu où on conserve la viande & le vin（np.储藏室，存放食品和酒类的地方）.
C'ú çù（裤子）	calsons（n.内裤）.
Xùi ću（水库）	cisterne（n.蓄水池）.
Cù（瞽）	ayeul③（a./n.盲、盲人）.
Çù tam̀（阻挡）	empescher, destourner, interrompre（vt.妨碍，转移，中断）.
Çù çum̄（祖宗）	tige de famille（np.家族的先人）.

---

① 当理解为一个短语：小心保存，即给木酒桶箍上铁箍，这在海运时尤其必要。
② "铁"，当拼为 *t'iě*。
③ 今拼 aveugle, 形、名兼用。

Kiē çiě（□□）①	meuble（n.家具、动产）.
Çū yúm（租用）	aide pour les frais ou dépense（np.有偿的或收费的支助）.
Çū chě（资质）	naturel, temperamment, complection（n.天性, 性情, 脾性）.
Çí sì（自喜）②	content（a.满意的）.
Cù（子）③	fils（n.儿子）: oeuf（n.鸡子、鸡蛋）.
Çù tí（子弟，子悌）	jeune homme, jeune garçon（n.青年, 少年）, galant, poly（a.文雅的, 有礼貌的）.
Çù chi'm̂（子城）	dedans le Palais Royal（adp.在皇宫内）.
Suî çù（随子）④	fils du mary（np.[再婚]丈夫原有的儿子）.
Cień çù（前子）⑤	fils de la femme（np.[再婚]妻子原有的儿子）.
Çú（字）	lettres（n.字母、文字）.
Çú cień（自尽）	se tuer soy mesme, & se donner la mort de sa propre main（vp.自杀, 亲手结束自己的生命）.
Ç'û te'û（锄头）	une hoüe de vigneron（np.种葡萄者用的锄头）.
Ç'û yě sû（锄刈，疏）⑥	creuser avec une hoüe（vp.用锄头挖掘）.
Ç'ú（醋）	vinaigre（n.醋）.
Ç'û（辞）	se departir（vr.舍弃）, prendre congé（vp.请假）.
Cáo ç'û（告辞）	recuser, desnier, rejetter（vt.回避, 否认, 拒绝）.
Ç'û kiā（辞家）	lesser le monde（vp.离别俗世）.
Ç'û quoñ（辞官）	lesser, abandonner les dignités（vp.割舍、放

---

① 疑为 *Kiā çū*（家资）之误，其词另见 349 页右。
② "喜"，他处拼为 *hì*。
③ *Cù* 为 *Çù*（子）之误。
④ 也叫"随夫子"，见《官话词汇》（p.112）。
⑤ 即初次婚姻所生之子，见《官话词汇》（p.112）。
⑥ 都用锄头，"锄刈"为除草，"锄疏"为松土，虽有分别，却是同时进行的一桩农活。

	弃官位）.
Ç'û siñ l. pōi（慈心，慈悲）	piteux（a.可怜的）, plain de compassion（ap.富有同情心的）, amoureux（a.爱怜的）.
Sem̄ ç'û（生祠）	temple qu'on esleve aux hommes（np.为活人建造的祠堂）.
Ç'û piĕ（辞别）	se despartir, s'en aller, se desgagner（vr.告别，离开，摆脱）.
Ç'û : hiâm（雌，雄）①	la femelle ou le masle des animaux（np.动物的雌性或雄性）.

（337页，右栏）

Ç'ù（此）	celuy-cy, ou ce-cy（pron.这，这个）.
Jû çu（如此）②	ainsi（ad.这样）, de cette façon（pp.以这种方式）.
Ç'ù kieñ（此间）	le milieu（n.中间）.
Pú çái ç'ù（不在此）	il ne consiste pas en cela.（s.问题不在这里。）
Ç'ù（刺）③	espine, buisson（n.尖刺，荆棘）, piquer avec une esgeuille, ou espine（vp.用针、尖刺等扎、戳）.
Ç'ú siú（次序）	ordre, moyen, façon（n.次序，手段，方式）.
Çú guéi（自毁）	istrix④, par le feu（vp.用火摧毁、烧毁）.
Çiù（嘴）⑤	bouche, ouverture, entrée（n.嘴巴，洞口，入口）.
Çiu pú haò（嘴不好）	meschante bouche（np.臭嘴、毒舌）.
Kiam̀ çùi（讲嘴）	debatre, contester, oppiniastrer, perseverer（vt.争论，争执，固执，坚持己见）.
C'iñ çùi（亲嘴）	baiser（vt.接吻）.

---

① "雄"，当拼为 hiûm。
② çu 调符、送气符并脱。
③ 调符似有误，当为 ç'ú，去声。
④ 疑为 détruire（毁灭）之误。
⑤ 当拼为 çùi。下一条亦同。

Cúi（罪）①	faute, peché, muet（n.错误，罪恶，哑巴）.②
Tim̀ çúi（定罪）	determiner la peine（vp.判定罪刑）.
Cúi caō（醉高）	grand hyvrogne, grand biberon（np.烂醉汉，大酒鬼）.
'Cúi ti（罪蒂）③	desir, souhait, vouloir（n.欲望，心愿，意愿）.
Po'î çúi（赔罪）	demander pardon（vp.请求宽恕）.
Ci'm̀ çúi（请罪）	le mesme（同上）.
Kién çúi（见罪）	reprendre, corriger（vt.指责，训斥）.
Jâo çúi（饶罪）	pardonner（vt.宽恕）
Giń fó : çúi（认服，认罪）	s'advoüer（vr.认罪），ou confesser coupable（vp.承认有罪）.
Çúī（催）	solliciter, presser（vt.促使，催迫）.
Çúi（脆）	fragile comme verre（ap.脆如玻璃）.
Môi çúi（磨碎）	qui rumine entre les dents（cl.用牙咀嚼者），une poudre pour boullir（np.一种用来煮沸的粉剂）.
Cum̄（公）	commun, universel（a.共同的，普遍的）.
Cum̄ hì（恭喜）	se congratuler（vr.表示祝贺）.
Cum̄ sĕ（功色）	loyer, recompense, merite（n.嘉奖，赏金，功绩）.
Cum̄ lâo（功劳）	le mesme（同上）.
Cum̄ vên（公文）	journal（n.议事录）.
Cum̄ kiḿ（恭敬）	respecter（vt.尊重），estre digne d'honneur（vp.值得尊敬）.
Cum̄ kiĕ（供给）	se sustenter avec le necessaire（vp.维持生计）.
Cum̄ ciém（弓箭）	bander l'arc, ou tendre la corde d'un arc（vp.开弓，即拉开弓弦）.

---

① 声母当同下一例"罪"字，为 ç。
② 视哑巴为罪，所据为《新约》："只因你不信，你必哑巴，不能说话。"（《路加福音》1：20）
③ 'C 为 Ç 之误。

Cuṁ fû（功夫，工夫）	oeuvre, ouvrage, travail（n.劳作，活计，工作）.

（338页，左栏）

Cuṁ（矿，恭，供）	le manton①（n.矿床）. simplicité（n.纯朴）. armée（n.军队）.
C'āi cùm（开矿）	descouvrir des mines（vp.发掘矿藏）.
Cuṁ（共，拱）	joint ou uni emsemble（np.加入或联合为整体），en faisant un tour ou un rond（pp.[两手]合拢成圆形）.②
Cińcuṁ（进贡）	presenter le tribut au Roy（vp.向君王进献礼品）.
Cuṁ su（公粟）	vivre sur l'Estat（vp.靠公俸生活）.
Ciúcâi（俊才）③	qui vit des rentes du Roy（cl.靠皇家所给廪金生活的人）.
Cuṁ（空）	vuide（a.空、空虚的），à jun.（n.空隙、虚空，如灯心草）.④
Cuṁ sin（空心）	le mesme（同上）.
Cuṁ chūm（空中）	l'air（n.天空）.
C'ùm（孔）	un trou, une taniere, un creux, ou caverne（n.孔眼，巢穴，窟窿，或岩洞）.
C'ùm p'á（恐怕）	craindre, apprehender（vt.害怕，担心）.
Maô c'ùm（毛孔）	les pores du corps（np.身上的毛孔）.
Çúm（纵）	estre, libre, despaistré, vivre oysif（vp.自由自在，放纵，懒懒散散地过日子）.
Çuṁ mà（鬃马）⑤	corne de cheval（np.马的鬃毛）.
Çuṁ tái（棕袋）	cilice, haire（n.[苦行僧等穿的]粗衣，粗毛服）.
Çuṁ tŭ（宗徒）	disciple, escolier（n.弟子，门徒）.

---

① 今拼 manto（席状矿床）。
② 后一义盖指拱手的"拱"。"共""拱"本音同而义通，"拱手"亦作"共手"。见王力（1982：377）。
③ Ciú, 脱韵尾，当为 Ciún（俊）。
④ vuide, 今拼 vide（虚空）；jun., 当为 jonc（灯心草）的略写，灯心草茎条的内部是中空的。
⑤ 字序当颠倒过来。

Çuṁ çiĕ（踪迹）	reste, cicatrice（n.残余，疤痕），la marque d'une pluye（np.雨水的痕迹）.
Çuṁ vaṁ（鬉莽）①	rude, lourd, tardif, grossier de corps, cheval（a.粗硬的，笨重的，迟缓的，粗糙的，指人体、马儿）.
Yă çùm（一总）②	en tout, en un mot（pp.一共，总之）.
Çùúm mài（总买）	achepter ensemble（vp.一起买下）.
Çùm piṁ（总兵）	General des soldats（np.[统领]士兵的将军）.
Çuṁ（从）	suivre（vt.跟随），dépuis（prep.自从）.
Çuṁ pién（从便）	à nostre volonté, selon nostre desir & nostre inclination（pp.随我们的意愿，根据我们的愿望和意向）.
Çuṁ siaò（从小）	dépuis son enfence, dépuis sa jeunesse（pp.自幼，少年时代以来）.
Çuṁ cù ỳ lâi（从古以来）	dépuis toute ancienneté, jusques à present（pp.自古以来，直到今天）.
Çuṁ（葱）	un oignon ou ciboule（n.洋葱或葱）.
Çuǹ（尊）③	honorable, grand（a.可敬的，伟大的）. homme de haute condition（n.位高的尊者）.
Çuǹ（存）	garder, conserver（vt.储存，保存）.
Çuǹ yaṁ（存养）	garder（vt.守护），conserver comme Dieu fait（vp.如神示意的那样养护）。

（338页，右栏）

Çuñ（村）	village, bourg, ou bourgade（n.村庄，小镇，村镇）.
Çuñ hoā（村话）④	parolles mal ordonnées, & mal dites（np.欠条理的言语，不中听的话）.
Çuǹ（寸）	la moitié d'un doit（np.一个指头的一半长）.

---

① "莽"字注音有疑。
② yă 为 yĕ 之误，除非考虑到方言（如粤语）的影响。
③ Çuǹ 为 Çuñ 之误。
④ "话"字的调符有误。又，çuñ 或为 Ch'ùn（蠢）之误，"蠢话"也与本条的法文释义相合。

Çùm çiě（总结）	assembler, amasser, joindre, & faire un tout de plusieurs parties（vp.把若干部分集合、聚拢、连接、组合起来）.
Çuòn çù（钻子）	un taraire, un foret ou fausset（n.钻孔器，钻子）.
Cuòn hǒ`lh.（钻活儿）	baston ou cane de *perés* nom propre（np.打眼用的棍子或杆子，专有名词）.
Çuòn guéi（篡位）①	unir, assembler, ou bien se saisir de l'Estat（vt.联合，聚集，确切地说是攫取国家）.

Fa

Fǎ miṁ（发明）	donner lumiere（vp.发光），declarer（vt.阐发）.②
Fǎ nào li nú（发恼，发怒）③	demeurer, ou estre en colere（vp.气恼，生气）.
Fǎ piṁ（发兵）	lever des soldats（vp.招募军兵）.
Fǎ fuén（发奋）	s'animer, s'evertuer（vr.振奋，努力）.
Fǎ yvén（发愿）	jurer（vt./vi.立誓）.
Fǎ fám（发放）	deterrer ou desenterrer（vt.发现，掘得）.
Tà fǎ（打发）	depécher, diligenter（vt.急遣，赶紧了结）.
Fǎ çù（砝子）	pois de balance（np.砝码）.
Fǎ tiě（发的）	translaté, transporté（a.已译出的，已寄出的）.
Kiā l. quei fǎ（家规，家法）	loyx du Roy（np.王法）.
Chiṁ chén fǎ（征战，伐）	conquester, conquerir（vt.战胜，征服）.
Mǒ fǎ（没法）	n'avoir point de remede（vp.没法补救）.
Fǎ（法）	regle（n.规则、法则、标准）.
Fâm（房）	maison de constellation（np.房宿）.④
Fâm pí（防备）	s'esveiller, s'apprester, se disposer（vr.警醒，有备，准备）.

---

① "篡"字注音有疑。
② "发光"为本义，"阐发"为转义，后起义为"创新"。
③ *li* 为 *l.*（或者）之误。
④ 指星座，二十八宿之一。

Xám fâm（上房） chambres d'honneur（np.供贵人住的房间）.
Siam̄ fáre（厢房）① crochet dont on se sert pour tenir les haudechausses（np.用来挂裤子的钩子）.
Giṅ fâm（赁房）② loüer une maison（vp.租房子）.
Faṁ xeṅ（房税）③ le mesme（同上）.
Faṁ fueṅ（房分）④ parantage par le moyen du mariage（np.通过婚姻形成的亲属关系）.

（339页，左栏）

Fàm（纺） la fileure des femmes（np.女子从事的纺织）.
Fàm miên（纺棉） filer du coton（np.棉纱）.
Faṁ（放） pour allonger, prolonger, dilayer（vt.延长，伸展，扩张）.
Faṁ siṁ（放心） reposer, se delasser, ne garder point de contenance, de mode, de façon, de forme, de mediocrité. peine, travail（vp.休憩，消遣，不在意世俗的态度、行事的方式方法，以及日常的辛苦、劳动等等）.
Faṁ chái（放债） donner à gain & à profit（vp.为获取利润、利益而贷出）.
Faṁ sú（放肆） sortir du commendement, de son rang, & de son ordre（vp.违反戒律，行事不合于自己的名分、等级），s'oublier, se licencier（vr.忘乎所以，不干正事）.
Faṁ lâo（烦劳）⑤ donner du chagrin, du travail, de la peine & de l'inquietude（vp.引起悲伤、劳累、痛苦、不安）.

---

① *fáre* 为 *fâm*（房）之误。释义当另有对应。
② "赁"，声母同于"人 *giṅ*"，似受粤语或潮汕话影响。可比较广州话: 赁 [jam⁶]，人 [jan⁴]；潮州话二读: 赁 [rim²]、[rim⁶]，人 [ring⁵]、[nang⁵]。（见《发音字典》）
③ 犹税房，"税"用作动词，当拼为 *xúi*。
④ 写为"房份"也一样。
⑤ *Faṁ* 疑为 *Fân* 之误。

Pě fān（白矾）	pierre d'alum（np.明矾石）.
Fām（番）①	estranger, qui n'est pas du païs（n.外国人，即不属本国的人）.
Fañ qúo lâi（翻过来）	chercher à tastons, virer & se tourner de tous costés（vp.暗中摸索，辗转反侧）.
Cieñ fañ（兼藩）	avoir possedé（vp.拥有）.
Yě fañ（一番）	une fois（np.一次）.
Fañ mièn hiá（翻棉絮）②	du coton pour faire des habits（np.用来做衣裳的棉花）.
Fàn（反，返）	virer, tourner, renverser, reincider, tomber à la renverse（vi./vt.旋转，转动，颠倒，反转过来）.
Fàn çaò（反草）	ruminer, lorsque les bestes remaschent ce qu'elles ont mengé（vt.反刍，即兽类重新咀嚼已吞食之物）.
Siám fàn（相反）③	contraires, opposés（n.反面，对立）.
Táu fàn（倒反）	au contraire, au rebours（pp.相反，反过来）.
Fán（饭，犯）	du ris cuit（np.煮熟的稻米）. contrarier, contredire（vt.反对，反诘）.
Fán cù（贩子）	vendre bien cher（vp.卖高价）.
Fân ch'àm（返场）	avoir des lettres de l'examen（vp.获得准考令）.

Fe

Fêu（浮）	nager（vi.游泳、漂浮）.
Fêu gāi（浮埃）④	poudre deliée, & menüe（np.细粉，纤尘）.
Fêu ki'âo（浮桥）	un pont de batteaux（np.船只搭起的桥）.
Tiēn fêu tí çái（天浮地载）⑤	le Ciel couvre, & la Terre soustient.（s.苍天覆盖，大地支撑。）

---

① 注音当从以下诸条，作 *fañ*。
② *mièn* 当为 *miên*（棉）；*hiá* 为 *hiū*（絮）之误。
③ "相"字注音当为 *Siām*。
④ *gāi* 当为 *ngāi*。
⑤ 据法译，似乎应该是"天覆地载"。

（339页，右栏）

Fi

Fî pam̀（肥胖）	gros, gras, espais（a.高大的，肥胖的，厚实的）.
Fī（飞）	voler（vi.飞翔）.
Fī aù（□□）	le premier nay（np.最早生的），l'ayné（n.年长的）.
Fī pán（诽谤）①	murmurer contre quelqu'un, noircir sa reputation（vp.低声说某人坏话，糟蹋其名誉）.
Fī lì（非理）	contre raison（pp.违背理性）.
Fī cià（飞甲）②	thuile qui tombe du toit（np.从屋顶掉下的瓦片）.
Fí（费，吠）	parler beaucoup, perdre beaucoup de temps à discourir（vp.讲很多话，浪费很多时间跟人噜苏）.
Lám fí（浪费）	abbayement des chiens（np.狗吠）. escorcher（vt.嚷嚷）.③
Fí sú（费事）	difficile（a.困难的）.
Vàm fí（枉费）	dissiper, prodiguer（vt.浪费，挥霍），mal employer（vp.用非其所）.
Hōa fí（花费）	se bien vestir, estre pauvre（vp.讲究穿戴，[实则衣着]蹩脚）.

Fǒ

Fǒ（复，服）	partie bonne ou mauvaise, tourner, revenir, remettre（vp.好事或坏事重来，又起，再度发生），s'ssujettir（vr.服从）④.
Fǒ sēm（复生）	Resusciter, revivre（vi./vt.[使]复活，再生）.

---

① "诽"为上声字，应标作 *fì*。
② "甲"字他处拼为 *kiǎ*。
③ 此条释义显然对应于上一字目"吠"。
④ 即 s'assujettir（服从、屈服）。

Fǒ laî（复来）	tourner, ou venir（vi.回转来）.
Fǒ sú（服事，服侍）	servir（vt./vi.服务）.
Vě fǒ（伏蝠）	chauve sourris（n.蝙蝠）.
Puòn fǒ（盘蝠）①	

Fû

Fû ch'î（扶持）	ayder, assister（vt.帮助，支持）.
Fû chên l. çiĕ（扶赞，扶接）②	lettres patentes du Roy pour la liberté（np.君王恩准予以豁免的诏书）.
Chám fū（丈夫）	mary（丈夫）.
Cūm fū（功夫，工夫）	oeuvre, action（n.功果，行为）.
Fù（府）	ville, cité（n.城，城市）.
Fù téû（斧头）	une hache, ou coignée（n.斧头，或伐木的长斧）.
Ch'âm fù（长斧）③	grandes lates ou bardeaux pour couvrir les maisons（np.覆盖房子的板条）.

（340页，左栏）

Fù c̓ù（府库）④	le thresor de la ville（np.市府的金库）.
Fú（父，傅，妇，富，赋）	pere（n.父亲），maistre（n.主人、教师、师傅），femme（n.妇人、妻子），riche（a.富有的），richesse（n.财富），lever les costes（vp.征赋）.
Cū fù（辜负）	frustrer les esperences（vp.使人失望）.
Fuēn fú（吩咐）	Ordonnance, commandement（n.法令，命令）.
Fuên（焚）	sepulture（n.焚化）.
Fuēn（分）	departir, distribur, conduire, guider, stipendier（vt.区分，分配；导向，引导；雇用）.

---

① 可对照 *Pieǹ fù*（蝙蝠），358 页左。伏蝠，蝙蝠的别名；盘蝠，蝙蝠的一种。
② "赞"字注音有疑。
③ 与释义无关，而是与上一词目关联。
④ "库"，他处均拼为 *c̓ú*，去声。

Fuēn hóa（芬华）	orgüeil（n.自大）, superbe（a.傲慢的）, pompe piaffe（np.排场、阔气）, braverie（n.英勇无畏）, magnificence, somptuosité（n.豪华, 奢侈）.
Fuén（分, 份, 粪）	partie（n.部分）, fiente, ordure（n.[鸟兽]粪便, 垃圾）.
Lh fúen（耳粪）	excrement des oreilles（耳朵里的分泌物）.
T'í fuén（嚏分）①	exaler, respirer（vt./vi.呼出, 呼吸）, expirer（vi.断气、死亡）, rendre l'esprit ou mourir（vp.灵魂脱壳, 或死亡）.
Puèn fuén（本分）	obligation（n.义务）.
Fûm（缝）	coudre des habits（vp.缝衣裳）.
Fum̄（风, 丰）	du vent（n.风）, abondant（a.丰富的）.
Fum̄ chúi（风吹）	quand il fait grand vent（cl.起大风时）, venter（vi.刮风）.
Fum̄ lìn（风领）	une partie du col（np.领子的一部分）.
Miě fum̄（蜜蜂）	abeilles（n.蜜蜂）, mousches à miel（np.食蜜蝇）.
Hoâm fum̄（黄蜂）	guesques, freslons（n.胡蜂, 大黄蜂）.
Fum̄ sò（封锁）	fermer, boucher（vt.封闭, 塞堵）.
Fum̄ giń（锋刃）	pointe d'une espée ou d'un cousteau, ou le tranchant（np.剑或刀的锋刃, 或指快刀）.
Fum̄ çǒ（丰硕）	suffisant, abondant（a.足够的, 丰富的）.
Fum̄ pō（风波）	tempeste de mer（np.海上的风暴）.
Fuḿ（奉, 缝②）	presenter, offrir（vt.呈上, 奉献）, promettre（vt.承诺、保证）③, honorer, respecter（vt.尊奉, 敬重）.
Fuḿ chiñ（奉承）	fente（n.缝隙）, coustume（n.惯例）, faire à sa volonté（vp.迎合某人的意愿）④.

---

① 犹嚏喷、喷嚏, 法语当另有对译。
② 对应于下一条释义的第一个词 fente（缝隙）。
③ 如信奉某教, 便是一种承诺。
④ 照惯例行事, 如送礼或随礼, 实即奉承。

Fún iñ（奉迎）①	aller à l'encontre（vp.迎接某人）.
Fúm mím（奉命）	aller à ses superieurs（vp.晋见上司）.
Chú fuḿ（租奉）②	lever la rente ou taille pour un temps en punition（vp.罚征租子或人头税）.
Fúm chě（奉旨）③	avoir les lettres ou patentes du Roy（vp.持有君王的信件或诏书）.

Gě

Gě（惹）	irriter（vt.惹恼）, inciter à courroux（vp.引起愤怒）.

（340页，右栏）

Hóei gě pím（回热病）	fievre lente（np.缓长的发热）.
Gě（日，入）	le soleil, le jour（n.日头、白天）, esventer④, entrer（vi.入内）.
Chūm gě（终日）	tout le jour（np.整天）.
Pě gě（白日）	au clair de la lune（pp.月光下）, la clarté de la nuit（np.夜光）.⑤
Gě náo（日闹）	le matin（n.早晨）.
Kiñ gě（今日）	aujourd'huy（n./ad.今天）.
Çó gě（昨日）	hier（n./ad.昨天）.
Veǹ gě（往日）⑥	les jours passés（np.过去的日子）.
Mîm gě（明日）	de main matin（adp.明天早晨）.
Còi gě（改日） *Liń gě*（另日）	un autre jour（np.另一天）.
Gě ý（入意）	qu'il le gouste à sa volonté（cl.由他随意品尝）.

---

① 两个字音的韵尾，若非有误，便是又读。
② "租"字注音有疑。
③ *chě*，拼法似有误，另一例"旨"字作 *chì*（330 页左）。
④ 今拼 eventer（通风、泄露），不明所指。
⑤ 释义与词条不对应，除非理解为"如同白日"。
⑥ *Veń*，可能是"往"（*vàm*）的异读。

Gên（然）	il est ainsi.（s.事情就是这样。）
Ngéu gên（偶然）	par rencontre, par occasion, par cas fortuit, par adventure（pp.碰巧，间或，意外，偶尔）.
Qúo gên（果然）	assurement, certainement, infailliblement（ad.有把握地，一定，必然）.
Çú gên（自然）	de soy（pp.自行），naturellement（ad.自然而然地）.
Cūi gên（虽然）①	quoyqu'il soit ainsi, encore bien qu'il soit de la sorte（cl.虽如此，尽管这样）.
Kí gên（既然）	maintenant（ad.既然）.
Gèn（染）	taindre（vt.染色）.
Geǹ pím（染病）	estre malade, devenir infirme（vp.生病，变得病弱）.
Giǹ gèn（荏苒）	chose passagere, comme presse, empressement, &c.（s.往事不堪，光阴催迫，等等。）
Geû jŏ（柔弱）	debile, imbecille, mou, ou mol（a.虚弱的，软弱无能的，无精打采的，浑身乏力的）.
Gêu xim̄（柔声）	voix delicate（np.轻柔的声音）.
Géû yèn（揉眼）	froter les yeux avec les mains（vp.用手揉眼睛）.
Giń（人，仁）	homme（n.人、男人），pieté（n.虔敬、恭敬）.
Làn giń（榄仁）	un certain fruit appellé pipita en portugais（np.一种果子，葡萄牙语里叫pipita）.②
Quām giń（瓜仁）③	autre sorte de fruit（np.另一种果子）.
Him̀ giń（杏仁）	le noyau de l'abricot（np.杏子的核）.
Giǹ（忍）	souffrir, endurer, patir（vt.忍受，忍耐，受苦）.
Pú giǹ（不忍）	le coeur ne peût le souffrir.（s.心里无法忍受。）

---

① *Cūi* 为 *Çūi* 之误。

② 榄仁树，生长于粤闽一带，有果似橄榄。pipita 一词查无着落，疑为 pipa（枇杷）的讹音，因榄仁果状似枇杷而得名。

③ *quām*，韵尾疑衍。另一例"瓜"字拼法同此，见 *Hoâm quām*（黄瓜）（343 页右）。

Giǹ nái（忍耐）	patience（n.耐心），souffrir（vt.忍受）.
Gín（认）	connoistre, confesser（vt.认识，承认、认罪）. loüer une maison（vp.认租房子）.

（341页，左栏）

Pú giń（不认）	nier（vt.否认），ne confesser pas, n'advoüer（vp.不认，不承认）.
Gín ý（任意）	à son plaisir, & à sa volonté（pp.任由，随意）.
Jáo gín（要任）①	entrer charge, avoir un office（vp.入职，任职）.

Gu

Gûei（为，违）	faire（vt.做、干），contrarier（vt.妨碍、令人不快）.
Gûei fã（违法）	contrarier & faire contre les loix（vp.违背法律，非法行事）.
Gûei ý（违意）	mal penser（vp.思路不对）.
Gûei cam̃（桅杆）	le maistre②（n.桅杆）.
Gûei jay（桅桠）	la teste（n.[桅]头）.
Guêi pîm（围屏）	opposition, obstacle（n.对立，障碍）.
Guêi chám（帷帐）	pavillon, courtines（n.帐幕，帘幕）.
Tâi guêi（台围）	fronteau（n.正面）.
Cheū guêi（周围）	au tour, à la ronde（pp.四围，周遭）.

Go

Goèi（伟）	dignités（n.显贵）.
Goēi（威）	avoir le milieu, respect, egard, authorité, gravité（vp.持中，敬重，尊重，享有权威，严肃庄重）.
Ngān goéi（安慰）	consoler, resjoüir（vt.慰藉，使人欣喜）.

---

① *Jáo* 有可能是 *Táo*（到）的误写。"到任"与释义更为相符。
② 疑为旧拼或误写，可比较：mât（桅杆），mâter（竖起桅杆）。

P'î goéi（脾胃） la poitrine, l'estomach（n.胸肺，胃）.
Kiṁ goéi（经纬） la trame pour ourdir（np.预谋的计划）.

Hā

Hài（海） la mer（n.大海）.
Haì ciēu（海馐） rareté（n.珍稀物品）.
Hái（害） faire mal（vp.干坏事）.
Hái yèn（害眼） avoir mal aux yeux（vp.得眼病）.
Hân（寒） froid（a./n.冷、寒冷）.
Núi hân（内函） la bourse inferieure des cartes ou sac des lettres（np.名帖或信囊的里袋）.
Hàn liñ（喊灵） une supplication & une priere avec les mors（np.祈求与祷告，[仿佛]与逝者同在）.
Hañ（酣） s'en hivrer, & s'adonner au vin（vp.醉酒，溺酒）.
Hi hàn（稀罕） faire estime, faire cas（vp.尊重，珍惜）.
Hán（焊①，捍，扦，汗） souder（vt.焊接），consolider, affermir, arrester, resserrer（vt.巩固，加强，确定，紧缩），suer（vi.出汗）.
Tâ hán（答汗）⎫
Çiào hán（消汗）⎭ salaire, payement d'un serviteur, gage, loyer, solde, argent（n./np.薪水，给仆人的薪酬，工钱，租金，军饷，银钱）.②

（341页，右栏）

Chǒ hán（出汗） suer（vi.流汗）.
Hán kiñ（汗巾） un suaire, mouchoir, ou linge dont on s'essuye（n.汗巾，手帕，即擦汗用的布）.
Hán xañ（汗衫） le manteau de campagne qui est au dessous（np.乡下穿的内衣）.

---

① 古作"熯"，指用火烘干。
② 能把这一连串意思概括起来的是"酬劳"，但这个汉语词并未出现。称答汗、消汗，可能是根据《圣经》的说法，付出汗水才有酬报："你必汗流满面才得糊口，直到你归了土，因为你是从土而出的。"（《创世纪》3：19）

Hâo quām（豪光）	un diademe, splendeur, esclat（n.冕，辉煌，强光）.
Hâo（毫）	un cheveu（n.毫毛），chose de peu de consequence（np.无关紧要的东西）.
Haò（好）	bon（a.好 int.好、行），bien（ad.很好、非常）.
Haò kièu（好久）	il y a desja longtemps.（s.已经很长时间了。）
Haò sú（好似）	paroistre meilleur（vp.显得更好）.
Háo（号）	surnom（n.姓）.
Háo foĕ sĕ（好浮色）	se resjoüir（vr.游乐），se delasser avec quelque chose（vp.以某事消遣）.

He

Hĕ（吓）	argent（n.银子）[①]，de peur, par crainte（pp.害怕，恐惧）.
Hĕ táô（核桃）	noix, noises（n.核，核桃）.
Hêm（横）	traversé（a.横贯的），mis à travers（ap.横着放置的），percé（a.穿透的）.
Hêm hím（横行）[②]	aller de costé（vp.侧着走）.
Hêm cŭ（痕子）	cicatrices de blessures（np.伤痕）.
Hiò siā（血腥）[③]	cruel, inhumain, barbare（a.残忍的，没人性的，野蛮的）.
Çó hèn lièn（作狠脸）	faire le fasché, montrer un visage courroucé（vp.生气，面露怒色）.
Hén ú（恨恶）	hair（vt.憎恨），avoir en adversion（vp.厌恶）.
Heû cù（猴子）	un singe（n.猴子）.
Heù yĕ xiā（吼一声）	gemir（vi.呻吟），donner un cry（vp.大喊一声），se plaindre（vr.抱怨）.

---

① argent（银子）一词无从着落。
② "行"字注音有疑。
③ "血"，另一例拼为 *hivĕ*，入声；*siā* 为 *siā*（腥）之误。

Heú（后，厚）	dépuis（ad.自从），Heritier（n.后嗣），gros & gras（ap.高大而厚实）.①
Taí héu（待厚）	traiter bien（vp.厚待）.
Héu ċim̌（厚情）	grand amour（np.至爱）.
Chūm héu（忠厚）	homme solide, droit, juste（np.可靠、公正、正直的人）.
Tú héu（度后）②	esper pour servir（vp.希望能够有用）.
Héu cái l. miên（后在，后面）	dépuis ces choses（adp.这些事情之后）.
Hi m̌e（系陌）③	un rond ou roulleau, epais（np.沉沉的一圈或一串钱）.
Hi huōn（嬉欢）	se reposer, se resjoüir（vr.休憩，欢欣），estre à son aise, passer le temps（vp.闲暇无事，消磨时光）.
Hi çiǒ（喜鹊）	pië ou ageasse, ou bien de la poix avec laquelle on calfutre un vaisseau（n.喜鹊，或指用来填塞容器缝隙的松香）.④

（342页，左栏）

Hi sě（喜色）	bonne santé（np.身体健康），alegre, sain, & gaillard（a.快活的，健壮的，高高兴兴的），bon visage（np.开心的脸色、笑脸）.
Hi yêm（喜言）	des parolles de joye & de divertissement（np.开心的言语，玩笑话）.
Hǐ（锡）	certaines petites paillettes qu'on met aux coiffures qui semblent voltiger en l'air（np.某种闪烁发光的金属小片，缝在头饰或帽子上，给人飘动的感觉）⑤. joyeux（a.快乐的）.

---

① Heritier，原文大写，有法定继承人的意思。古时中国人说"无后为大"，其实也有此意。
② 谓量度以备后用。
③ 计算钱币的数目，满一百钱为"陌"；系为一串，便称钱陌，"陌"实即"佰"字。
④ 松香云云，不明所自。
⑤ 似指步摇，可能用锡片制作。

Quām hí（关系）①	aymer quelque chose comme soy mesme, c'est à dire de tout son coeur（vp.爱某物如爱己，即发自心底的喜爱）.
Hí（系）	dependre（vt.依靠），estre sujet（vp.从属于）.
Hí lúm（□□②，奚论）	bourdonner comme sont les oreilles aux catarreux（vp.如同耳听瀑布声那样嗡鸣）. de plus（pp.此外、再者）.
Chảm hǐ（唱戏）	les autheurs（n.著者）③.
Hiâ mâ（蛤蟆）④	
Hiá（下）	dessous（ad.在下面 n.下部）.
Hiá tieñ（夏天）	l'esté, ou selon d'autres le printemps（n.夏季，或在有些人看来指春天）.
Hiá laî（下来）	descendre（vi.下来）.
Tiě hiá（跌下）	tomber（vi.摔倒）.
Hiá kiaó nà（下轿马）⑤	descendre de chaire（vp.跨下轿子）.
Hiā（虾）	escrevisse（n.虾）.
Táî hiá（台下）	grands. ce mot ce peût prendre ou pour une chose grande ou pour un titre d'honneur qui est le plus grand de tous en espagne（n.达官贵人，这个词可以理解为用来指某一重要的事物，或表示一项尊贵的头衔，高过西班牙人所理解的任何头衔）.
Hiên hiá（闲下）	estre oyseux, & ne rien faire（vp.闲散，不做任何事）.
Hiá xeù（下手）	commencer（vt.开始）.
Hiá chẻn（下陈）	present à ceux qui viennent de loin（ap.接待远方来人）.

---

① 据释义，似乎还原为"欢喜"（huōn hì）更能对应。
② 照注音写出字来，并且能成词的，是"戏弄"。
③ autheurs，可能是 act(h)eurs（演员）的笔误。
④ 这一条未给出法文释义。
⑤ nà 为 mà 之误。

Hiá xū（下书）	donner les lettres（vp.递交书信）.
Hiá cú（下顾）	visiter（vt.访问）, aller voir quelqu'un（vp.看望某人）.
Yĕ hiá lh hiá（一下二下）	nombre des coups（np.敲击的次数）.
Sū hiá（私下）	en secret, & en cachete（pp.秘密地，暗中）.
Hiá keñ（下根）	jetter les racines（vp.投下根茎）.①
Hiă（狭）	estroit. serré（a.狭窄的；收紧的）.
Hiă`lh（匣儿）	une pochette ou petite bourse（n.小口袋或钱包）.
Hiă ȳ hiā（吓一吓）	se frotter avec un autre en passant（vp.向路人寻衅）.
Hiă siào（狭小）	petite chose qui est estroitte（np.窄小的东西）.

（342页，右栏）

Hiĕ çù（瞎子）	aveugle, qui ny voit rien, qui a perdu les yeux（n.盲人，即什么也看不见的人，双目失明）.
Hiâi çù（鞋子）	les souliers（n.鞋子）.
Pam̂ hiài（螃蟹）	cancre poisson, ou escrevisse（n.蟹，一种鱼或虾）.
Hiam̄（香，乡）	odeur, senteur（n.气味，香味）. village, lieu champestre（乡村，乡间）.
Hiam̄ ci'm̄（乡亲，相亲）②	
Púon hiam̄（盘香）	un faix pour bruller（np.一包用来焚烧的东西）.
Hiàm（响）	sonner. tonner, petter（vi.鸣响，轰响，吵嚷）, faire du bruit（vp.发出响声）.
Hiám xán（向上）	regarder, voir, avoir sa mire haute, c'est à dire mirer haut（vp.眺望，观看，目光朝向高处，意即目标高远）.

---

① 盖指栽种番薯之类。

② 缺释义。

Yĕ hiám（一向）	par le passé（pp.以往）. ce temps（np.时下）.
Hièn chŏ lâi（显出来）	manifester, descouvrir（vt.显现，发现）.
Hièn guêi（险危）	peril, danger（n.危殆，危险）.
Hièn chú（险处）	village（乡村）①. dangereux（险境）.
Hièn tiē & c.（险的）	courir risque, & c.（vp.面临风险，有某方面的危险）.
Hién（县）	ville murée（np.围有城墙的市镇）.
Téû hién（投贤）②	s'offrir aux personnes grandes ou de grande condition（vp.向大人物自荐，或投身于高层）.
Yeù hién（有限）	voycy（prep.此时、此地）. chose contée（np.所述的事情）③. sans limites（pp.无限）④.
Hién k'î（限期）	terme de quelque temps（np.一定的时间段）.
Fă hién（发现）	apparoistre（vi.显现）, se montrer（vr.显露）, apparition comme des anges（np.如天使般的显灵）.
Hién tím（限定）	limiter（vt.限制）, donner des bornes（vp.划定界限）.
Hién çái（现在）	il demeure là, il y vit.（s.他住在那里，他在那里生活。）
Hién chím ti（现成的）	desja fait, appresté, tout disposé（a.已经做完的，制成的，已安排妥当的）.
Hò hì（贺喜）	se congratuler, se resjoüir（vr.恭喜，庆贺）.
Hò li（贺礼）	present de congratulation（np.道贺的礼品）.

---

① 当另有归属，如下下条"县"。
② 据法文释义，应是这两个字；"贤"字的调符有疑。
③ contée，或有可能为 comptée（计为、算入）之误：把数得过来的各项考虑在内，也即有限。
④ 无限，似乎是作为反义词给出的。

Hiù

Hiù hiá（许下）	conceder, accorder（vt.承认，同意）.
Chîm hiù（诚许）	s'assoir à la messe（vp.参加弥撒）.
Hivē（靴）	des bottes（n.靴子）.
Tiṁ hivē（钉靴）	bottes contre la pluye（np.防雨的靴子）.
Çáo hivē（皂靴）	bottes des Mandarins（np.官员穿的靴子）.
Hivě. mě jǒ.（血；脉，肉）①	le sang（n.血）. les vaines（n.静脉、血管）. la chair（n.肌肉、肌肤）.
Hivě tí hivě（穴，地穴）	un trou, une taniere, une caverne, & tout ce qui est creux（n.孔眼，巢穴，岩洞，以及一切中空之物）.②

（343页，左栏）

Hivēn（喧）	tumulte, bruit（n.喧嚣，喧嚷）.
Hivên qúa（悬挂）	suspendre, pendre（vt.悬挂，吊起），attacher en haut（vp.挂于高处）.
Hivên tân（玄谈）	parolles excellentes, bons discours（np.高谈，趣言）.
Hivén táu（楦头）	forme de souliers（np.鞋子的模型、鞋楦）.
Ch'ûn hivèn（虫癣）	ver de terre ou qui s'engendre dans les corps des hommes（np.泥土里的虫子，或人体中所生的虫子）.
Hiûm（雄）	face, visage（n.脸，面孔）.③
Yṁ hiûm（英雄）④	fort, genereux, hardy（a.刚强的，慷慨的，勇敢的）.
Ç'û hiûm（雌雄）	masle & femelle（ap.雌性和雄性）.⑤
Hiūm（胸，凶）	poitrine（n.胸部）. infortune, malheur（n.不

---

① 后二字当理解为"血"的搭配，即"血脉""血肉"。
② 可比较 *C'ùm* "孔"（338 页左）。
③ 释义难以对应，可比较字目"脸"（353 页左）。
④ 可比较当名词解的"英雄"（346 页左），"英"字读为阴平，而这里标的是去声。其字或可写为"硬"，即硬雄。
⑤ 或译"男性和女性"。

	幸，不吉）．
Hiūm yûm（汹涌）	la course des eaux（np.水的流动）．
Hiūm（熏）	parfumer（vt.熏香）．

Ha①

Hô（河）	fleuve, riviere（n.江，河）．
Siám hô（相和）	se bien unir（vp.团结）．
Kiàm hô（讲和）	traittement d'amy（np.友好的款待）．
Hô tûm（河豚）	Thon, sorte de poisson（n.鲔鱼，一种鱼）．②
Hō（呵）	halener ou souffler avec la bouche（vp.用嘴呼气或吹气）．
Tà hō（打呵）	baailler de sommeil（vp.困得打哈欠）． s'ouvrir & s'espanouïr（vr.张开嘴巴，喜笑颜开）．
Hǒ taú（喝道）③	
Hò（火）	feu（n.火）．
Hò puên（火盆）	brasier（n.火盆）．
Hò pà（火把）	un torche ou flambeau pour bruller（n.火炬，或燃着的火把）．
Hò sim̃（火星）	bluette ou estincelle（n.火星，即火花）．
Hò kí（火器）	instrument pour le feu（np.燃火用的器具）．
Hò xě（火石）	un flambeau, torche, ou chandelle, ou bien une cordelette（n.火把，火炬，或蜡炬，说得确切些就是火绳）．
Hiě geñ（忽然）④	promptement（ad.即刻），tout à l'instant, tout à heure（pp.突然，马上）．
Hoě（活）	vif, vivant, & en vie（a.活的，活生生的，即在世的）．
Hoě pú chiñ（活不成）	ne pouvoir pas vivre（vp.无法存活）．

---

① 当为 Ho。
② Thon，原词大写。盖因河豚与鲔鱼（金枪鱼）状似，故如此译称。
③ 官员出行，前有衙役鸣锣吆喝，谓之喝道。未见法文释义。
④ *Hiě* 为 *Hoě*（忽）之误。

Hoâ（华）	jardin（n.①花园 ②富饶多彩的文化之国①）.
Yû hôa（鱼划）	les aislerons des poissons（np.鱼鳍）.
Hôali ç'ài（华丽，彩）②	orné, embelli, ajusté（a.经过装点的，美化了的，整饰一新的）, bien accomodé（ap.装饰得体的）.
Hoā（花）	des feüilles, & des fleurs（n.花瓣，花）.
C'āi hoā（开花）	ouvrir les feüilles（vp.张开花瓣）.
Fǎ hoā（发花）	le mesme（同上）.

（343页，右栏）

Hoā lân（花篮）	petit panier de feüilles（np.盛花草的小篮子）.
Cāi hoá（赅话）	s'excuser（vr.婉拒、致歉）.
Kiáo hóa（叫化）	demander l'aumosne des pauvres（vp.讨要给穷人的施舍）.
Hóa yvên（化缘）	gens graves（np.严肃认真的人）.③
Siāo hóa（消化）	digerer, consumer（vt.消化，消耗）.
Pién hóa（变化）	transmutation, changement, generation, & corruption（n.转变，改变，产生，蜕化）.
Hoǎ（画，化）	peindre（vt.绘画）, peinture（n.画作）, chose fort sujette à l'inconstance, & au changement & qui est fort labille legere（np.极易生变、稍纵即逝之物，轻灵飘忽的东西）.
Hoǎ çú（画字）	donner son sein, signer quelque chose（vp.签字，在某物上签名）.
Hoâi lí（怀里）④	dans l'interieur, au dedans（pp.内里，内心中）.
Hôai nién（怀念）	se souvenir de tout son coeur（vp.心中无限忆念）.

---

① 后一喻义见于法语维基百科 jardin 条：(Figuré) Pays fertile et d'une culture très variée。（http://www.frdic.com/dicts/fr/jardin）
② Hôa、li 二字连写。"彩"，可理解为"华彩"之略。
③ 似指化缘者，有别于叫花子。
④ lí，调符有误。"怀里"只指人，法文对译则是由表物进而转指人。

Hoái（怀）①	donner（vt.给以）, se donner（vr.委身于）.
Hoâm（黄）	pasle, jeaune（a.苍白，黄）.②
Hoâm hoên（黄昏）	crepuscule（n.黄昏）.
Hoâm tién（皇殿）	palais ou demeure le Roy（n.宫殿，即君王的住所）.
Hoâm quām（黄瓜）	concombres（n.黄瓜）.
Hoâm lŏ pĕ（黄萝卜）	carottes, pastenades, panets（n.胡萝卜）.③
Hoâm chûm（蝗虫）	des langoustes ou sauterelles（n.龙虾或蚱蜢）.
Hoâm yám mŏ（黄杨木）	un bon arbre（np.一种优良的树木）.
Hoām nién（荒年）	année de cherté（np.费用昂贵的年份）.
Hoām fí（荒废）	nuire, porter dommage, corrompre, en domnager, consommer（vt./vp.损害，造成损失，败坏，白费，耗费）.
Hoām（慌）	avoir peur（vp.害怕）, trembler, craindre（vi.担忧，恐惧）.
Xuĕ hoām（说谎）④	mentir（vi.说谎）.
Hô hoám（何况）⑤	d'autant plus grand que（pp.更有甚者）.
Hoâm（还，遑，环，簧）	encore（ad.还有）, de plus（pp.更其）, aneaux ou gonds de porte（np.门环或门铰链）.
Hoâm cú（遑顾）	pas d'advantage（adp.并无补益）.
Hoâm chái（还债）	payer ses dettes（vp.偿还债务）.
Ḹh hoân（耳环）	les oreilles（n.耳环）.
Hoám kiḿ（幻境）	une chose qui semble & qui paroist sombre & obscure（np.似乎显得黯淡模糊的东西）.

---

① 调符有误。可能脱字，即"投怀"。
② pasle，今拼 pâle（尤指脸色苍白，没有血色）; jeaune，今拼 jaune（黄、黄色）。二词组合，则有 un jaune pâle（淡黄色）。
③ 三个法语词所指一样，是胡萝卜的不同叫法，而以第一个词最通用。
④ "谎"字调符有误。
⑤ "况"为晓母字，所标声母不误。

Hoě（忽，或）	un jota. peu ou rien du tout（np.微渺；极少或几无），une regle pour escrire（np.一种写字的标准）①.

（344页，左栏）

Hoě hoě（或或，惑惑）	aller tellement quellement, aller de telle façon que（vp.如此这般，如此下去）.
Hoě chè（或者）	par cas fortuit, par adventure（pp.意外情况下，在特殊场合）.
Ý hoě（疑惑）②	des debtes suspets（np.靠不住的债务）.
Hoêi（回）	tourner, virer（vt./vi.回转，旋转）.
Hoêi çiñ（回心）	tourner en soy（vp.改变主意）.
Hoêi xū（回书）	respondre aux lettres（np.回信）.
Hoêi lì（回礼）	aux presents（np.答礼）.
Hoêi pú（回步）	se tourner derriere（vp.向后转）.
Hò hoēi（火灰）	cendre, poudre, poussiere（n.灰烬；火药；粉尘）.
Tǔm hoèi（痛悔）	se repentir（vr.后悔）.
Hoêi kiáo（回轿）	reculer（vi.后退），aller en arriere（vp.往回走）.
Hoèi lú（贿赂）	tromper, suborner（vt.欺骗，行贿）.
Hoéi（会，汇）	sçavoir（vt.了解），conjoinctement（n.会同），compagnie（n.伙伴）.
Hiǒ pǔ hoéi（学不会）	ne pouvoir pas apprendre（vp.无法学会）.
Kí hoéi（机会，忌讳）	avoir indice ou augure（vp.显露迹象或征兆）. craindre（vt.害怕）.
Hóei piáo（汇票）	lettre deschange（np.汇票）.
Hôen pě（魂魄）	l'ame & le corps（np.灵魂和肉体）.
Hoeñ（昏，混，婚）	obscur, troublé（a.昏暗的，混浊的）. Marier（vt.结婚）.

---

① 写字的标准，盖指"或体"，即异体字。
② 与本页右栏的词目 *Ý hoě* 重复，但释义不同。

Hoeñ yñ（婚姻）		mariage, nopces①（n.婚姻，婚礼）.
Siñ lì haōa（心里慌）②		un coeur troublé, & affligé（np.心绪紊乱，苦不堪言）.

Hû

Hû（湖，糊）	marets ou marescage（n.水塘，沼泽）. Cole de farine（np.浆过的衣领）.
Ch'â hû（茶壶）③	
Cieù hû（酒壶）	
Yě hâ（叶茶）④	original（a.原本的 n.原型、原料）.
Hû lì（狐狸）	renard（n.狐狸）.
Hû lû（葫芦）	sottise, stupidité, lourdise（n.荒谬，愚蠢，笨拙）⑤, melon（n.瓜）.
Hû xuě（胡说）	menterie, deffaite, desordre, desarroy, trouble（n.谎言，遁词，紊乱，混杂，混乱）.
Hû tiě（蝴蝶）	des glands qu'on porte aux rabats（np.挂在胸前的流苏）.
Xañ hû xū（珊瑚树）	coral（n.珊瑚）.
Ch'iñ hū（称呼）	appeller, nommer（vt.叫做，命名）.
Tà hū（打呼）	ronfler en dormant（vp.睡觉时打鼾）.
Hù（虎）	Tigre（n.虎）.
Hù p'ě（琥珀）	cuivre, airain, laitton（n.铜，青铜，黄铜）. des aigneaux（pp.血色的）.⑥

（344页，右栏）

Miě pǐ（蜜碧）	de couleur de miel（np.蜂蜜的颜色）.
Hú（护）	accourir（vi.赶来），aider, secourir（vt.帮

---

① 今拼 noces（结婚、婚礼），同源于拉丁语 nuptus（婚纱、婚礼、成婚）。
② *haōa* 为 *hoām*（慌）之误。
③ 这一条和接下来的一条都未见对应词。
④ 犹茶叶，*hâ* 为 *ch'â*（茶）之误。
⑤ "葫芦"有可笑之义，故有此译法。另一种可能：*lû* 为 *tû* 之误，即 *hû tû*（糊涂）。
⑥ des aigneaux, 当为 de saigneux（血色的）。琥珀并非铜类，盖因其色近铜，才有此类译法。

	助，支援）.
Hoéi hú（回护）	le mesme（同上）.
Hú tuòn（护短）	couvrir les fautes d'autruy（vp.掩饰他人的过失）.
Hum̂（红，虹）	vermeil（a.朱红），l'arc en ciel（np.天上的彩虹）.
Hum̄（烘）	conserver le feu（vp.使火维续不灭）.
Hum̄（哄）	tromper, surprendre, desniaiser（vt.欺骗，骗取，诱使），replanter①, surprendre par ses parolles（vp.用言语哄骗）.

Ho

Hǒ vě（获物）	fait, action, oeuvre（n.事实，行动，成果）.
Çái hǒ（载获）	le mesme（同上）.
Hǒ（惑）	se desdire（vr.反悔），manquer de parolle（vp.食言）.
Qúo hoě（过活）	passer la vie（vp.度日）.
Hûon（完）②	achever, parfaire（vt.达到，完工），mettre la derniere main（vp.告成）.
Huôn çíu（完聚）③	faire la vie（vp.过日子），se rejoüir entre mari & femme（夫妇之间欢欢喜喜）.
Hi huoñ（嬉欢）④	se reposer, se rejoüir（vr.休憩，欢欣），ne rien faire, & prendre son passe-temps（vp.清闲无事，消遣）.
Huōn yû（欢娱，欢愉）	feste, rejoüissance, joye（n.欢庆，娱乐，开心）.
Huón（换，唤）	changer（vt.替换），appeller（vt.叫唤、招唤、唤起）.

---

① replanter（重新栽种、再植），对应不明。
② "完""还"古音都属匣母字。类似的现象，如吴语里至今"黄、王"不分，因二字古音全同，均为阳韵匣母。
③ 若确系此二字，则"完"字调符有误。
④ 前一字的调符很模糊，无法判定。这一条实已列于 he 音底下，释义大抵相同。

Mái hì huón（卖几贯）①   combien d'actions（adp.多少利钱）.

I

Ý（易，遗，移）   transporter ou bailler son droit à un autre（vp.把拥有权或租用权转给他人）, outrepasser,（vt.超过、越出）, changer（vt.移易、改变）.

Ý fâm çù（易幡子）   changer le marc ou la rape du vin ou un certain tan à taner les cuirs（vp.改换酒的招牌，或改变鞣制皮革所用的鞣料）.②

Ý hoě（疑惑）   soubçonner（vi.暗想）.

Ȳ seḿ（医生）   traitter, medeciner（vt.治病, 治疗）, medecin（n.医生）.

Ȳ（一）   conformement（ad.前后一致地）.

Ỳ chām ỳ çù（一张椅子）   une chaire（n.一把椅子）.

Ỳ laí ỳ caó（倚赖，倚靠）   se mettre en compagnie（vp.依靠同伴）.

Ỳ cù（依古）   conformement à la coustume & à l'usage（adp.合乎习俗和惯例）.

Ỳ lâi（以来）   par cy devant（pp.之前）, auparavant（ad.以前）.

Ỳ heú（以后）   par le passé（pp.过去）, jadis, autrefois（ad.往日，从前）.

（345页，左栏）

Ý（意，议，易）   intention, proposition, but, deliberation（n.意图，提议，目标，商议）, facile（a.容易的）.

Ý lún（议论）   dire des gens（vp.说人短长）, façon de parler（np.说话的方式）.

Ý çu（意思）   intention, dessein, deliberation（n.意愿，意图，思索）.

---

① *hì huón* 为 *kì quón*（几贯）之误。
② 改变鞣料云云，似为"易方子"。

Xam̄ ý（商议）	consulter, deliberer（vt.咨询，商议），prendre conseil（vp.采纳意见）.
Ý yám（异样）	different, distint（a.不同的，特异的）.
Ý cham̂（异常）	fort esloigné（ap.相去很远），estranger（a.外国的）.
Pú tě ý（不得意）	ne sçavoir à quoy l'on pretend（vp.不知道想要什么）.
Yà chi̇（牙齿）	les dents（n.牙齿）.
Fǎ yâ（发芽）	les arbres poussent, ils jettent des bourgeons（vp.树木抽条，长出嫩芽），bouttonner, bourjonner（vi.萌芽，含苞）.
Yâ chú（牙柱）	faix de Marfin①（np.成根的生象牙）.
Ū yā（乌鸦）	courbeau（n.渡鸦）.
Laò yā（老鸦）	une corneille（n.乌鸦）.
Yà çù（哑子）	muet（a.哑 n.哑巴）.
Xim̄ yā（声哑）②	enroüé（a.嘶哑的），voix enroüée（np.沙哑的声音）.
Yǎ（压，鸭）	presser（vt.压）.
Yǎ pieǹ（压扁）	cane ou canard（n.雌鸭或雄鸭）.③
Hóa yǎ（画押）	donner son sein, signer seeller（vp.签字，签名）.
Yâi（捱）	differer, dilayer（vt.推迟，延缓）.
Yāi（挨）	s'accoster, se joindre, s'approcher, se recueillir en soy（vr.靠近，结合，接近，自闭）.
Yài（矮）	un petit homme, un nain（np.矮小的人，侏儒）.
Yái（隘）	estroit, serré（a.狭窄的，收紧的）.
Yâm（羊）	chevre. plus grand（n.雌山羊，更大）.④
Yâm jûm（羊绒）	poil de chevre（np.羊毛）.

---

① 当为 marfil（生象牙）。
② 第二字的注音当改从上一条，作 yà（哑）。
③ 释义当随上一字目。
④ 似指所见的中国羊略大于法国羊。

Yn yâm（阴阳）	matiere & forme（np.物质和形式）.
Xān yâm（山羊）	chevre, montagnes（n.雌山羊，山里的）.
Miên yâm（绵羊）	brebis（n.绵羊）.
Tá si yâm（大西洋）	Europe（n.欧洲）.
Çāi yām（灾殃）	punition, chastiment, affliction, calamité（n.惩罚，惩处，受苦，灾难）.
Yàm（痒，养）	creer, desmangeson（vt.引起瘙痒），manger de la cher（vp.进食珍品）.
Paò yàm tĕ haò（保养得好）	un valet qui est gros & gras（np.一个又肥又胖的仆人）.①
Kiaō yàm（矫伴，娇养）	estre bouffon, farceur. d'autres disent que c'est autant que creer sans peine & avec amour（vp.扮小丑，当喜剧演员；另一种说法是指养育不费心，宠爱有加）.

（345页，右栏）

Yám（恙）	douleur（n.病痛）.
Quéi yám（贵恙）	vostre douleur, & vostre souffrence（np.您的病痛，您的苦楚）.
Có yám cù（做样子）	faire ou estre（vt./vi.装作如何，或就是如何）.

J②

Jaḿ（瓤）	la moisle（n.精髓）.③
Jaḿ（让）	donner, la premiere place, bailler tout l'advantage & rendre tout l'honneur qu'on peût（vp.给予最好的位子，让予一切利益和荣誉）.
Jaḿ çāi（让开）④	laisser, passer, donner chemin（vp.让人通过，

---

① 似有讽义。
② 此音底下的首字母暨声母，有 Y、I、J 三个，时或混用，音值并无不同。
③ moisle, 今拼 moelle（骨髓、精髓）。
④ çāi, 当为 c̀āi。

	让路）.
Kień jam（谦让）	humblement ou humble（ad./a.谦卑地，或谦卑的），ceder（vt.让予）.①
Jaó xú（饶恕）②	
Yâo（摇）	tirer l'aviron（vp.摇橹）.
Yâo lù（摇橹）	ramer, voguer（vt.划桨，划船），tirer l'aviron（vp.摇橹）.
Yâo túm（摇动）	boüillir（vi.[水]沸滚）. mouvoir, casser, briser, pousser（vt.移动，折断，打碎，推）.
Yaò（咬）	mordre（vt.咬），abbayer（vi.吠）.③
Yáo（要）	vouloir, aymer, cherir（vt.想要，喜欢，珍爱）.
Quām yáo（光耀）	reflection du soleil & de la lumiere（np.太阳的光照和灯火的光亮）.
Yè（爷）	seigneur, monsieur. maistre（n.老爷，先生，主人）.
Yě kień（夜间）	la nuit（n.夜晚）.
Cheú yě（昼夜）	le jour & la nuit（np.日和夜）.
Yě çù（夜子）④	un pot（n.一种坛子）.
Nhiě sū（业师）	maistre de composition（np.作文大师）.
Yě（谒，益）	bien vous face（vp.面谒）. bon profit（np.利益）.
Yě lì yě chiḿ（驿里，驿丞）	hostelerie ou logement pour les Mandarins（np.官员夜宿的旅店或住所）.
Fań yě（翻译）	traduire, translater（vt.翻译，移译）.
Yên sě（言色，颜色）	parolles（n.言语），couleurs（n.颜色、脸色）.

---

① 此处是把"谦"与"让"分开讲，前一字为副词或形容词，后一字为动词。"谦让"的完整释义，见 350 页右。

② 缺释义；第一个字音当标 *jâo*。

③ 第二项释义很必要。说"狗咬得厉害"，未必是真咬伤了人，而是狂叫。abbayer, 今拼 aboyer。

④ 指夜壶。

Yên（岩）	un marescage, une caverne（n.洼地，岩穴）.①
Yên lán（研烂）	moudre, briser（vt.研磨成粉，弄碎），mettre en poussiere（vp.使成粉末）.
Yèn chúen（研砖）②	une auge pour moudre（np.用来研磨的槽子）.
Yeñ（烟，淹，湮，腌）	fumée（n.烟、蒸汽），amasser, assembler, aprocher, joindre（vt.积，聚，接近，接合），ruiner, destruire（vt.破坏，毁灭）. saler（vt.腌制）.③

（346页，左栏）

Yēn tử m（烟筒）	route, chemin④（n.路，道路）.
Yeñ heú（延后）	non pas de la bouche（adp.不在嘴边）.
Yèn c̀im（掩睛）	boucher les yeux（vp.闭眼不看）.
Yèn çǒ（演作）	jouër à cligne mussette（vp.表演吹风笛等）.
Yeñ（厌）	desgout, fascherie, desplaisir, ennuy, chagrin（n.厌恶，不快，厌弃，气恼，悲伤）.
Yeñ tâe（砚台）	pierre de cornet d'escritoire（np.用作文具匣的石块）.
Yeñ kiá（晏驾）	la mort du Roy（np.君王之死）.
Hò yen（火焰）	incendie, ambrasement（n.火灾，大火）.
Páô yén（暴焰）	embrasement（n.烈火）.
Yén yvě（宴乐）	preparer un festin（vp.准备庆宴）.
Yeû（谚）⑤	un proverbe（n.谚语）.
Yeû lô（油绿）	verd obscur（ap.暗绿）.
Yeû tieñ（由天）	une voix du Ciel, la volonté du Ciel（np.上苍的声音，上天的意愿）.

---

① 前一释义未明与哪个汉字对应。也许是"淹"，虽然声调有别。
② 当标为 Yén chuēn。研砖，粗制的砚台。
③ "淹"有广泛之义，故理解为聚积。接近、接合，可能取自音近的"沿"字。
④ 同根的名词 cheminée（壁炉、通风管、烟囱）更能对应于"烟筒"。
⑤ 当拼为 yén（谚）。

Pú yêu giñ（不由人） il n'est pas au pouvoir des hommes ny entre leurs mains.（s.此事既不由人力决定，也不为人手操纵。）

Yeū（忧，幽） tristesse（n.忧愁）. lieu. village ou bourg（n.地方；村庄或城市）.

Yeū ceû（忧愁） melancoliser（vi.忧郁），estre triste（vp.忧伤）.

Yeù（友） estre de compagnie（vp.相伴为友）.

Iń yeu（引诱） encourager, tenter（vt.鼓励，诱使）.

Yén（右，又）① la main droite & la gauche（np.右手和左手）. encore（ad.再度）.

Páo yéu（保佑） ayde coeleste, secours du Ciel（np.上苍的帮助，神佑）.

Yéu càn（诱感） tentations（n.诱惑）.

Iḿ（赢） vaincre & au jeu & à la guerre（vp.游戏或打仗时得胜）.

Iḿ xē（营设） enroller（vt.招募）. fié, confié（a.受信任的，受托的）.②

Iḿ taô（樱桃） cerise（n.樱桃）.

Yḿ hiuḿ（英雄） nom. fort（名词：勇者、强者）.③

Yḿ cò（鹦哥） perroquet ou un poisson semblable à la tanche（n.鹦哥，或一种像冬穴鱼的鱼类）.④

Yḿ ngém（硬）⑤ fort（a.强壮的、坚固的）.

Yḿ（应） respondre（vt.回应）.

Yḿ chèu（应酬） rendre les visites（vp.接待来访或回访）.

Siām yḿ（相应） simpathie（n.同感、同情）.

---

① 当拼为 *yéu*（右）。字母 u 和 n 易混。
② 似应作一句解，即受命募兵设营。
③ 见下下条"硬"，虽然也对译为 fort，却是形容词。
④ 后一释义似指鹦哥鱼或鹦鹉鱼。
⑤ 不是双音词，而是"硬"字的两个读音：北官话读 *yḿ*，南官话读 *ngém*。可比较《官话词汇》（p.192），名词短语 *Reçia cosa*（粗大硬实的东西）对译为 *geńg*（硬）和 *ińg tiě*（硬的）。

Yń（淫）	deshoneste, villain（n.猥亵，卑劣）.
Yń çù（银子）	de l'argent（n.银子）.
Yń cùm（银矿）①	mines d'argent（np.银矿）.
Yń chū（银朱）	tainture ou couleur vermeille（np.朱红的色调或颜色）.
Yń（音）	son, bruit（n.声音，噪音）.

（346页，右栏）

Tiēń yń（天阴）	temps triste & melancolique（np.阴沉、抑郁的天气）.
Mâ yń（马缨）	tapis, housse ou harnois de cheval（np.马的鞍鞯，头部和颈部的饰件等）.
Huēn yń（婚姻）	mariage（n.婚姻）.
Iń guêi（因为）	pour raison, par amour（pp.由于，出于某种缘故）.
Iń ç'ù（因此）	pour cela（pp.为此）.
Yń tí（阴地）	à lombre, à couvert（pp.在阴凉处，暗地里）.
Yǹ lú（引路）	aller, cheminer, marcher（vi.走，行路，行进）.
Chí yǹ（指引）	montrer le chemin, enseigner la route（vp.指路，指示路线）.
Iń（印）	sceau, cachet, signet（n.印章，图章，签名），bulle（n.①印玺 ②[教皇]谕旨）.
Yèu iń（有孕） }	estre grosse, estre enceinte（vp.大肚子、怀胎，有孕在身）.
Xèu iń（守孕） }	
Háo iǹ（号印）	sceau, marque, cachet（n.印章，标记，图章）.
Yǒ（乐）	petite table（np.[风琴的]共鸣板）. Musique（n.音乐）.
Siāṁ yǒ（相约）	se consulter les uns les autres pour faire quelque chose（vp.一起协商以做成某事）.
Yǒ xu（约书）	papier de contrat（np.合同书）.

---

① "矿"读为 cùm，与万济国所拼的 kuṅg 是同一音（见《官话词汇》pp.2, 140）。

Yŏ chám（岳丈）	le beau pere du mary de la femme（n.岳父，丈夫称妻子的父亲）.
Yŏ mù（岳母）	belle mere（n.岳母）.
Yŏ k'i（乐器）	instrument musical ou harmonieux（np.奏乐或和声的器具）.
Yŏ（欲，狱）	desirer（vt.想望）. prison（n.监狱）.
Yŏ ý yŏ（熨一熨）①	estendre ou allonger quelque chose par le moyen du feu（vp.用火拉伸某物）.
Yŏ taû（熨斗）	instrument pour faire la mesme chose（np.用来熨物的工具）.
Sū yŏ（思欲，私欲）	amour propre（np.虚荣心或自爱）.
	amours particuliers（np.非同寻常或过分的爱）.
	deshonettetés（n.下流的欲念）.
Sĕ yŏ（色欲）	le mesme（同上）.
Yŏ tái（玉带）	ceint ou entouré d'albastre（np.信天翁[之色]的束带或圆环）.
Jŏ（弱）	foible, fragille（a.柔弱的，脆弱的）.
Iŏ pú gen cém mŏ（若不然怎么）	si celuy-cy n'est pas dehors（cl.如果事情是这样）.
Leaò tĕ（了得）②	comment pourra-t'il souffrir.（s.他怎能忍受？）
Iŏ（肉）	de la chair（n.肌肉、肉体、食用肉等）.
Iŏ çù（褥子）	gros matelas ou contrepointe③（np.大垫子）.

（347页，左栏）

K'i jŏ（欺弱）	se moquer de son prochain, l'appeller borgne ou boiteux, & le contrefaire（vp.嘲讽自己的同类，称其独眼或跛子，并模仿其模样）.

---

① "熨" "熨斗" 均二读（见347页右）。

② 此条当与上一条合为一句，断为："若不然，怎么了得。"

③ contrepointe 一词不明其义。

Jŏ xeñ（弱衫）①	chemise, chemisette（n.衬衫，短袖衫）.
Xéu jŏ（受辱）	piquer, offencer（vt.刺痛，触犯）.
Yû（鱼，愚）	du poisson（n.鱼）. Ignorant（a.无知的 n.无知者）.
Yʹ lû（愚鲁）②	Bestail（n.家畜）.
Yû kʻi（御器）	les vases du Roy（np.君王用的坛罐）.
Kʻi yû（其余）	ce qui reste, ce qui est de surplus（cl.所剩下的，多余的东西）.
Yû yèn yù（语，言语）③	parolles（n.言语、话）.
Yù ngò（与我）	pour l'amour de moy（pp.为了我）.
Piḿ yù loaò（病愈了）	à maladie meilleure santé（np.病后康复）.
Yú chŏ（遇着，预着）④	rencontrer（vt.遇上）, loüer（vt.预定）.
Yú sieñ（遇仙）⑤	donnant la main（vp.携手）.
Jù（乳）	laict（n.乳汁）.
Jù mù（乳母）⑥ *Iù níam*（乳酿）	} ame de laict（np.乳之精华）.
Jù kiaḿ（乳浆）⑦	de l'encens, du parfun（n.焚香，香水）.
Yvĕ（曰）	dire l'une l'une（vp.说一件事如何如何）.
Yvĕ tō（越多）	d'autant plus（pp.何况更多）.
Yvĕ haò（越好）	d'autant mieux（pp.何况更好）.
yvên（圆，原，源）	rond（a./n.圆、圆形、圆圈）, source, origine（n.源头，起因）, fontaine d'eau（np.水源）.
Yvén muèn（圆满）	parfait, achevé, accomply（a.圆满的，完善的，完成的）.
Hiāo yvên（香橼）⑧	citrons ou l'arbre qui les produit（n.柠檬，或

---

① 犹薄衫。
② 据相邻注音推断，*Yʹ* 似为 *Yû* 之讹；"鲁"是上声字，当标为 *lù*。
③ 当分断，标为 *Yù*(,) *yên yù*。
④ 两个"着"字都是着落的"着"。
⑤ 盖指民间故事刘阮遇仙。
⑥ 犹母乳。
⑦ 可能指乳香。
⑧ *Hiāo* 为 *Hiām* 之误。香橼与柠檬虽非同一物，其果形相似，且都是柑橘属（citrus）。

　　　　　　　　　　　　　　指结有柠檬果的树）.

Keñ yvên（根原，根源） ⎫
Yvên yêu（原由）　　　 ⎬ origine（n.起因）.

Yvên lim̀（圆领）① 　　vestu de courtoysie, c'est à dire civil & obligeant, bien eslevé（np.文雅体面的衣裳，即斯文有礼的服装）.

Hoǎ yvên（花园）②
Ç'ái yven（菜园）

Yuén（愿，援，远③，怨）　desirer（vt.想望），ramasser（vt.扶起），chasser loin（vp.远逐）. avoir en horreur（vp.厌恶）.

Híu yuén（许愿）　　　faire veu, promettre de faire quelque chose（vp.起誓，承诺做某事）.

Hoân yuén（还愿）　　accomplir son veu & sa promesse（vp.完成誓言和许诺）.

Páo yuén（抱怨）　　　se douloir, se plaindre, se lamenter（vr.苦恼，抱怨，哀叹），ou une haine interieure, accompagnée d'un desir de vengeance（np.心中的怨恨，伴有报复的企图）.

（347页，右栏）

Yuén mà（苑马） ⎫
Mà yuén（马苑）④ ⎬

Cí yuén（济院）⑤　　　hospital ou maison Dieu, destinée pour les pauvres（np.为穷人开办的医院，即上帝之家）.

Yuèn（软）　　　　　moulin⑥. fragille（a.柔软的；脆弱的）.

―――――

① 圆领袍，其时官服的标准样式。
② *Hoǎ*，调符有疑，其词也可能是"化缘"。这一条以及下一条都缺对译。
③ "远"读去声，为动词，指趋避，如诸葛亮《出师表》："亲贤臣，远小人。"
④ "马苑"，养马之所，或专指御马苑；所养之马便称"苑马"。两条均缺释义。
⑤ 可比较 *Yàm ci yuén*（养济院）（333 页左）。
⑥ 今拼 molle（软、柔软，原形为 mou）。

Jêu yuèn（柔软）	}	moulin（a.柔软的）.
Yuèn jǒ（软弱）		le mesme（同上）.
Yûm（融，永）（晕）	{	fondre（vt.融化），tousjours（ad.永远、始终）.
		le clair de la lune, la nuit, figure. un larrecin manifesté（np.月光，夜光，属于喻用法；暴露的小偷）.①
Yum̂ ý（容易）		facile（a.容易的）.
Cùm yûm（从容）		lentement（ad.缓慢地），à loysir（pp.悠闲）.
Hoên yûm（浑融）		penetrer bien les choses. sçavoir parfaitement（vp.深谙事理；十分了解）.
Yûm máo（容貌）		figure extrieure, apparence（np.外表，即容颜）.
Pú yûm（不容）		il ne reçoit pas, il n'admet pas.（s.这不可接受，不能允许。）
Yûm tĕ（容德）		avoir du coeur & de l'esprit（vp.有善心，有心胸）.
Yum̀（庸）		les dernieres choses（np.琐细的小事）.
Yum̄ tień（壅田）		engraisser les jardins（vp.给田地施肥）.
Yum̄ xū（壅树）		engraisser les arbres（vp.给树施肥）.
Yùm（耘）		jardinage, jardin（n.园艺，花园）.
Yùm（运）		transporter（vt.运输）.
Yùm xí（永世）	}	à perpetuité, pour tousjours（pp.永恒，始终）.
Yùm kieù（永久）		pour des siecles infinis（pp.世世代代）.
Yúm（用，咏）		user（vt.运用），chanter（vt.咏唱）.
Yúm cùn̄（咏春）		
Jûm（绒）		laine de brebis ou poil de chevre, soye avant de la tordre ou de la filer（np.未经加工或纺织的绵羊毛或山羊毛）.
Jûm cheñ（绒毡）		feultre, ou gaban（n.毛毡，或粗毡）.

---

① 喻用法（figure），直译为辞格。小偷云云，似本于东方朔月夜偷食西王母所种千年桃果的传说。

Yûn（绒，茸）①	raisins（n.葡萄）.
Yún（运，韵）②	virer, tourner（vi./vt.旋转，转动），roder aux environs（vp.在周围转悠）.
Yún chuèn（运转，韵转）③	son（n.声音），consonance（n.和音），accord musical（np.乐声）.④
Yún túm（运动）	torner, virer comme le Ciel（vp.像天体那样转动、运转）.
Yún teû（熨斗）	instruments de tailleur（np.裁缝的工具）.
Jún gě niên（闰日年）	jour intercalaire（np.闰日）.
Jún yúe（闰月）	mois intercalaire（np.闰月）.

（348页，左栏）

Ke

Kě（隔，革，割）	diviser, separer, esloigner, destacher, desunir, discerner, seduire, divertir, destourner, escarter, oster（vt.区分，分割，疏远，断开，分裂，分辨，引诱，分散，迂回，间隔，割除）: amas, monceau, troupeau, assemblée, botte ou boulle de quelque chose（n.一堆、一摞、一群、一批、一捆、一团东西）.
Liñ kě（邻隔）	voisin de parois, ou de maison（np.隔壁邻居，或邻舍）.
Kě kiái（隔界）⑤	discours, parolles, entretiens（n.会话，言语，交谈）.
Kě gě（隔日）	un jour ou autre（np.[过]一两天）.
Kě çù（格资，各自）⑥	grades, dignités（n.等级，身份），gré, volonté（n.意愿，愿望）.

---

① 指葡萄藤上萌发的幼芽，俗称绒球或茸球。
② "韵"，含于下一词目"韵转"。
③ "运转"，与下一条"运动"为关联词目。"韵转"，音韵学上谓一声之转，这里泛指声音，包括语声和乐声。
④ 三项释义一并对应于"韵"，系上一条 Yún 所含的字目。
⑤ 指挑拨离间，释义可能脱词。
⑥ "格资"，犹资格。

Kĕ chú（格住）	reprimer, empescher（vt.克制，阻止）.	
Xe kĕ（食格）	panier des viandes qui sert à la table（np.摆上餐桌的食品篮子）.	
Kĕ çaò（虼蚤）	pulces（n.跳蚤）.	
Kĕ uĕ（格物）	penetrer, descouvrir le fonds & l'essence des choses（vp.深入内里，发现事物的根基和本质）.	
K'ĕ（客，刻，克）	logeur（n.房客），un quart d'heure（np.一刻钟），vaincre, surmonter（vt.战胜，克服）.	

Tái（待）	} *k'ĕ*（客） {	traitter（vt.对待）	} les estrangers ou logeurs（陌生人或房客）.
Ciĕ（接）		recevoir（vt.接待）	
Poî（陪）		accompagner（vt.陪伴）	

Ci'm̄ k'ĕ（请客）	trouver, celuy qui va chercher ça & là pour loger les estrangers（vp.四处寻觅，为陌生人找到宿处）.
K'ĕ pŏ（刻薄）	homme critique, difficille à traitter（np.挑剔的、不易交往的人）.
K'ĕ seú（咳嗽）	tousser（vi.咳嗽），toux（n.咳嗽）.
K'ĕ kì（克己）	se mortifier（vr.禁欲）.
K'ĕ xĕ（克食）	ayder à digerer（vp.助消化）.
Xî xî k'ĕ k'ĕ（时时刻刻）	à chaque pas（pp.每一步）.
Kem̄（庚）	lettre de l'année ou dominicale（np.表示年份或主日的字），l'âge（n.年龄）.[①]
Kem̄ tién（耕田）	travailler ou labourer la terre（vp.作田或种地）.
Jĕ kem̄ cù（一更鼓）	la premiere veille de la nuit（np.守夜的第一个时段）.
`*Lh kem̄ cù*（二更鼓）	soeconde. veille de la nuit（np.守夜的第二个时段）.
Kem̀（梗）	escorce, pelure, ou crouste de quelque chose（n.树皮，果皮，或某物的皮壳）.
Feû kèm（浮梗）	

---

① "庚"为天干的第七位，故有主日（礼拜日，第七日）一说。

（348页，右栏）

Kém（更）	encore, d'advantage①（ad.更加，更多）.
Kém hào（更好）	encore mieux（ap.更好）.
Xeṁ（衩）②	un œuf（n.①蛋、卵 ②腋托）.③
Kéṁ（肯）	vouloir, aymer, cherir（vt.想要，喜欢，乐意）, estre oisif（vp.闲散）, se rejoüir, passer le temps（vr.取乐，消遣）.
Kēn（根，跟）	Racine④（n.根茎）.
Keṅ puèn（根本）	aller apres quelqu'un（vp.跟随某人）⑤. la souche, la source & l'origine principale（n.根蒂，根源，或主要来源）.
Kēn kī（根基）	ligne ou genealogie des descendants（np.子孙的族谱或后裔的谱系）.
Keṅ（梗）	la tronc de la race est en toy.⑥（s.家族的血脉寄托于你。）l'espy ou la feüille（n.穗或叶）.
Yě kèn tái cù（一根带子）	une cordelette ou ligature（n.一根细绳或线）.
Kéṅ（恳）	avec importunité（pp.纠缠不休）.
Keū（沟）	un canal（n.水沟）.
Yû keū（淤沟，雨沟）	un canal couvert（np.暗沟）.
Keù（狗）	un chien（n.狗）.
Kéù ciě（苟节）	estre fort attentif ou attaché（vp.十分细心或拘束）.
Kéú（口，够）	passe（n.通道）, suffit（vi.足够）.
Keù（口）⑦	la bouche（n.嘴）.
Kéù mě（口沫）	salive, crachat（n.口水，唾液）.

———————

① 今连写为 davantage（更、更加）。
② 字母 X 为 K 之误，即 Kéṁ。衩，衣裳腋下的接缝处。
③ 腋托，成衣匠使用的圆形木块，煞根时用以楦托上衣的腋部。此义罕用，œuf 的常用义见词目 Cù "子"（337 页左），即鸡子、鸡蛋。
④ 原词为大写。
⑤ 当对应于上一字目 "跟"。
⑥ 此句似乎是上一词目 "根基" 的用例。
⑦ 漏标送气符，可比较下一条 "口沫"。

Liéu kèù（溜口，留口）①	dire（vt.说话、朗读），s'emparer, se saisir（vr.抓获，捉住）.
Kèù tái（口袋）	un gros sac（np.大袋子）.
Ki（鸡，笄，基，机）	une poule（n.母鸡），homme（n.成人）②，fondement（n.基础），aissieu③（n.机轴）.
Chửm ki（充饥）	se rassasier（vr.饱食），bannir la fain（vp.充饥）.
Ki lûm（鸡笼）	la basse court d'une maitterie（np.鸡舍）. le poulalier（n.鸡笼）.
Ki xeù（稽首）	abaisser la teste, courber la teste（vp.低头，臣服）.
Ki niên（忌年，饥年）	année de tristesse（np.哀伤的年头）.
Ki hoéi（机会）	occasion（n.时机）.
Ki（其，及，几，即，既）	elle, luy（pron.她，他），quant（prep.至于），quantiesme（a.第几），combien（ad.多少），quand, lorsque（conj.每当，当……时），puisque, pourveuque（conj.既然，因此）.
Mên ki（门籍）④	âge（n.年纪）.
Çú ki（凤籍）	mesme en personne（同上，指本人）.
Kí（记，纪，给，寄，冀）	ressouvenir（vt.追忆），donner（vt.给予），delivrer（vt.寄送），accompagner（vt.陪伴），croire（vt.相信）.
Kiń siń（记性）⑤	memoire, souvenir, ressouvenance（n.记忆，纪念，追忆）.
Kí kiáo（迹兆）⑥	traces, vestiges（n.痕迹，遗迹）.

---

① 即"留活口"。
② 这里的 homme 泛指成年人。古时女子年满十五，称为及笄。
③ 今拼 essieu（轴）。
④ 官门前的名籍牌，写明官员的姓名、身份、年龄等，法文释义不全。
⑤ 字音 *Kiń* 衍一 n。
⑥ *kiáo* 疑为 *háo*（号）之误。

（349页，左栏）

Ki t'ǒ（寄托）	mettre en depot, donner en garde, mettre en main（vp.寄存，看管，交付）.
Ki háo（记号）	signe, marque（n.记号，标记）.
K'i（奇，骑）	estranger, extraordinaire, merveilleux（a.异国的，特异的，奇妙的）, aller à cheval（vp.骑马）.
Yě mién k'i（一面棋）①	une petite auge, auget（n.小马槽，鸟槽）②, ou tablier à joüer aux dames ou aux eschets（np.女子玩的棋子或象棋）.
Ki ta'ò（乞讨）	chercher, demander（vt.寻求，请求）.
Ki kieâ（乞求）	demander en priant（vp.殷切请求）.
Kiá k'i（假期）	
K'i（欺）	tromper, surprendre, suborner（vt.欺骗，骗取，收买）.
K'i siñ（欺心）	mauvais coeur, coeur pervers（np.坏心思，心术不正）.
K'i（淇）	au bord & au rivage de l'eau（pp.在岸边，水边）.
K'i（起）	lever, eriger, eslever（vt.举起，竖立，提高）.
K'i xeù（起手，起首）	commencer（vt.开始）.
K'i càn（岂敢）	comment oseray-je entreprendre.（s.我怎敢这样做。）
K'i hán（起旱）	aller par terre（vp.走陆路）.
K'i miń（器皿）	un instrument, vase d'honneur（n.器具，指贵重的瓶、壶、坛、瓮等）.
K'i（气）	l'air（n.空气）, adopter（vt.用气、运气）.
Ciě k'i（节气）	signes du Zodiaque（np.黄道的标志）.
K'i xū（契书）	contract（n.合同）.
K'i sù（气死）	mourir de rage（vp.因气愤而死）.

---

① 似即半面棋。

② 此义无从对应。

Tài k'í（歹气）	ennuyer, fascher, importuner, desgouter, desplaire, harceller（vt.使人厌烦，惹人生气，打搅，让人不快，使人不高兴，骚扰）. ennuy, fascherie, importunité, desgout, &c.（n.心烦，气恼，纠缠，不快，等等）.
Xùi k'í（水汽）	vapeurs（n.蒸汽）.
T'ù kí（吐气）	exalaisons（n.呼出的气）.
Piṁ k'í（兵器）	armes（n.武器）.
Kiā（家，加，嘉）	maison（n.家、住宅），accroistre, augmenter, amplifier（vt.增多，扩大，放大）. excellent（a.优异的）.
Vû tō kiā（无多加）	il n'a pas de quoy augmenter.（s.没有增加任何东西。）
Kiā ç'âi（家财） *Kiā çū*（家资）	patrimoine（n.家产）.
Kiā háo（家号）	le derriere du col du poisson（np.鱼颈的背部）.①

（349页，右栏）

Kiā chàn（家产）	don de maison（np.家族遗产），embarquement（n.船运）②.
Kià（假）	faux, faint③（a.假的，伪装的）.
Kià ý（假意）	par fainte（pp.装假），apparamment（ad.外表上）.
Choām hià（装假）④	faindre（vt.假装），faire semblant（vp.故意显得）.
Kiá（嫁）	les maisons des femmes（np.妇人的家宅）.⑤
Vû kiá chǐ（无价值）	chose sans prix（np.不值钱的东西）.

---

① 此条释义无法着落。
② 以捕鱼、水运为生者，船只便是其主要家产。
③ 今拼 feint（虚假的、装出的）。
④ hià 为 kià 之误。
⑤ 《说文解字注》引《白虎通》："嫁者，家也；妇人外成以出适人为家。"

Kiá ueñ（价文）① le prix, la peine（n.价值，辛苦）.
K'ì kiá（起价） louër（vt.租借），le prix（n.价格）.
Kiā（嘉） distribuer l'argent（vp.分发银两）.
Chì kiă（指甲，趾甲） les ongles, les griffes（n.指甲、趾甲，爪子）.
Qùeī kiă（盔甲） corselet ou cuirasse（n.胸甲或坚甲），corps d'armes（np.全身披甲）.
p'î kiă（皮甲）
Kiă ciéñ（铁钳） instrument qui coupe（np.用于切割的工具）.
Çuḿ kiă（终甲） le bout des rües ou des chemins（np.街或路的尽头）.
Kiā faḿ táo（家坊道） les rües（n.街道）.
K'iă hào（恰好） chichement, escharsement, avaricieusement（ad.精打细算地，俭省地，贪婪地）.
Kiài（械，解） luitter②（vi.打斗），delasser（vt.解乏）.
Kiài tŏ yŏ（解毒药） antydote, contrepoison（n.解毒药，抗毒剂）.
Kiài naò（解恼） quitter toute sorte d'inquietudes, & de soin（vp.弃绝一切忧虑和烦恼）.
Liḿ kiái（令价） serviteur de V. M.（np.阁下的仆人）.
Siáo kiái（小价） mon serviteur, mon garçon, & mon valet（np.我的仆人，我的童仆，我的仆从）.
Kiái chŭēm（疥疮） roigne, galle（n.疥癣，疥疮）.
Kiái çáo（芥草） moustarde（n.芥末）.
Kiái yuéñ（解元） la teste des *xiú giñ*（np."举人"的头名）.③
Kiái ciám（解匠） qui serre（cl.干钳工活的人）.④
Kiái（诫） commandement, ordre（n.诫律，命令）.
Kiaḿ xiḿ（缰绳） une bride, un frain（n.辔头，马勒）.
Kiaḿ（江，姜） une grande riviere（np.一条大河），du Gingenbre（n.生姜）.

---

① 似即"文价"，文章的价值，文人的声价。
② 似即 lutter（搏斗、角力），这里指械斗。
③ *xiú* 为 *kiù* 之误。
④ 盖指锁匠，与解匠（锯木匠）不甚对应。

Kiaṁ siáo（讲笑）	inventer des menteries, dire des sottises（vp.扯闲篇，讲笑话）.
Teū kiàm（偷讲）①	parler à l'oreille（vp.贴着耳朵说话）.
Poi kiàm（背讲）	le mesme（同上）.
Kiaṁ hiǒ（讲学）	parler des vertus（vp.讲论德行）.
Ki'âm quó ní（强过你）	il est meilleur que vous, il vous surpasse.（s.他比你好，他胜过你。）
Ki'âm táo（强盗）	Brigand, Assassin, Voleur（n.强盗，刺客，小偷）.②
Kiaō（矫）	un traistre（n.变节者）.
Kiaō yàm（矫伴）	avoir à faire avec un bouffon, un farceur（vp.扮演小丑，担任滑稽角色）.

（350页，左栏）

Kiaō těmiě（交得密）③	traitter, negocier, toucher, manier, frequenter, converser au dedans de soy, & interieurement（vp.从心底里，由衷对待、商谈、接触、打理、交往、谈话）.
Kiaō xùi（浇水）	arrouser de l'eau（vp.浇水）.
Kiaō hím（侥幸）	atteindre, acquerir, parvenir, impetrer, poursuivre, gagner, venir à bout de ses attentes, comprendre par occasion, & par rencontre（vp.偶然或碰巧实现、获得、抵达、追及、赢得、达到预期目的，或弄明白某事）.
Yě kiaō（热焦）④	une brullure（n.灼伤）.
Kiāo fú（交付）	rendre parfait（vp.完好地交给），achever（vt.完成）.
Kiāo kì（交给）	le mesme（同上）.
Kiāo kiáe（交界）	confins, les bornes & les limites de quelque

---

① *Teū* 当作 *T'eū*。
② 三个法文词的首字母都大写，似有强调的意思。
③ 似应理解为"交得，交密"。
④ 犹焦热。

	chose（n.疆界，即某物的边界和界限）．
Kiáo（角，剿）	tourner une roüe（vp.绕过一条街）①. netoyer（vt.清除、扫荡）．
Yě kiaò（一绞）	un tour, une volte（n.一圈，一转）．
Kiaò lŏ（绞络）	le cabestant ou tour de l'anchre（n./np.缆架或锚索）．
Kiaò sù（绞死）	estouffer, souffoquer, noyer（vt.扼杀，窒息，溺死），estrangler avec une corde（vp.用绳勒死）．
Kiaò yâo（搅扰）	inquieter, molester, chagriner（vt.使人不安，纠缠，使人忧伤）．
Kiáo（教，叫，娇）	enseigner（vt.教育）．appeller（vt.叫唤）．chere（a.亲爱的）．
Kiáo tě quám（教得惯）	pouvoir s'accoustumer à enseigner（vp.能够习惯于接受教育）．
Yě kiáo（一叫）②	un son ou un ton（n.一个音或一个调）．
Kiáo chaṁ（校场）	lieu de la reveüe（np.阅兵的场所）．
Kiȧô（桥，翘）	un pont（n.桥）．plier des aix（vp.将木板弯折）．
Tiáo kiȧô（吊桥）	un pont levis（np.吊桥）．
K'iâ ngò（卡我）	vous me reprenés.（s.您怪罪我。）
K'iaò mûen cù（敲门鼓）③	hurter à la porte, batre la caisse ou le tambour（vp.高声叫门，击大鼓，敲鼓）．
Quēi kiaò（乖巧）	ingenieux, inventif, expert（a.聪慧的，有谋略的，懂行的）．
Kiȧō cim̄ kiȧò（巧，精巧）	le mesme（同上）．
Kiȧó（窍）	les conduits, les pores. trou（n.导管，毛孔；洞孔）．
Kiě cù（击鼓）	batre le tambour en plusieus lieux（vp.四处击鼓）．

---

① 指街角。

② 鸣叫、叫子（哨子）的"叫"。

③ 当理解为"敲门，敲鼓"。

Cáo kiě（告结）①	
Sú kiě leào（私结了）	j'ay affaire avec moy mesme.（s.这是我自己的事。）

（350页，右栏）

Sim̀ kiě（性急）	precipitation naturelle. ou qui vient de la nature（np.天生的急性子，或率性而为）.
Tái kiě（太极）	les principes des choses conforme aux Chinois（np.中国人所理解的事物构造方式）.
Pú yáo kiě（不要急）	ne vous estimés pas.（s.您别这样认为。）
Kiě（接，结，激）	joindre（vt.连接），unir à soy（vp.结合），attirer à soy（vp.给自己带来、招致）.
Kiě kieum̀（激劝）	exorter efficacement（vp.有效地劝告）.
Kiě çù（疖子）	maux de folie（np.癫狂症）.
Kèn k'iě（恳切）	prier, affectueusement & avec humilité（vp.诚恳、谦卑地请求）.
Kieñ ŷn（奸淫）	un Adultere（n.通奸）.
Kieñ（奸）	le dedans n'est pas meilleur.（s.其内心更恶。）
Kieñ cú（坚固）	fort, & qui est de durée（ap.强壮且能持久）.
Keū kieñ（勾监）	mettre en prison（vp.关进监狱），emprisoner（vt.监禁）.
Kièn（减，茧）	diminuer（vt./vi.减少）. durillon ou cor des pieds & des mains（np.脚和手上的茧子或胼胝）.
Kién（见，剑，俭）	voir（vt.看见）. visiter（vt.拜访），espée（n.宝剑），moderé dans sa despence ou ses pertes（ap.开支节制或损耗适中）.
Kién piě（间壁）	voisin de paroi, maison tout proche（np.隔壁邻居，邻家）.
Kién túon（间断）	interrompre（vt.打断）.
Tum̀ kién（通鉴）	cronique, histoire（n.编年史，历史）.
Kieñ（钳）	tenailles（n.钳子），prendre avec des tenailles

---

① 缺释义，或可写为"告捷""告竭"。

	（vp.用钳子夹）．
Kień lim（悭吝）	avare（n.贪婪）．
Kień jám（谦让）	donner les premieres places par humilité（vp.出于谦卑而让出上座）．
Kień chái（欠债）	dette, devoir（n.债务，义务）．
Kień ćim（欠情）	faute ou crime d'amour ou d'affection（np.因情或爱而犯下的错或罪）．
Kieù（久）	grand temps, long temps（np.许久，很长时间）．
Chảm kieù（长久）	le mesme（同上）．
Kieù pảm（灸盘）	cautere ou costique（n.灸器或灸剂）．
Kieú（就，啾，救）	venir en temps & lieu（vp.及时到达），s'advancer（vr.行进），discourir（vi.交谈），chanter（vt.鸣叫），frequenter（vt.经常出入或往来）．ayder, secourir, assister（vt.帮助，救援，支持）．
Kieú çù（臼子）	mortier（n.臼）．
Mueń kieú（门臼）	
Kieú ím（救应）	venir au signal estant appellé（vp.闻讯立即赶到）．

（351页，左栏）

Tí kieû（地球）	un globe, une esphere（n.球，球体），une boule de terre（np.土球）．
Tień kieû（天球）	une sphere Coeleste（np.天体）．
Kieû（求）	demander, prier, supplier, requerir（vt.要求，请求，恳求，请愿）．
Kim（经，京，惊）	doctrine（n.学说）．loy（n.法律）．cour（n.朝庭）．crainte（n.惊恐）．
Kim quái（惊怪）	rendre estrange, separer, esloigner de nous（vp.觉得离奇，隔绝，疏远我们）．
Chỏ kim（着惊）	s'estonner, s'esmerveiller（vr.惊讶，赞叹）．
Lỏ kim（罗经）	boussole ou quadran de mer（n./np.罗盘或海图）．

Kiṁ kiě（经节，筋节）	epines（n.脊柱）.
Kiṁ túm（惊动）	inquieter, chagriner, tourmenter（vt.使人不安、忧虑，折磨）.
Pú c̀ò kim giṅ（不可惊人）	ne craignés pas les hommes.（s.不用怕人。）①
Kiṁ（井）	poissonneux（a.多鱼的）.②
Kiṁ chi（景致）	lieu agreable, de divertissement ou de recreation（np.怡人的地方，消遣或娱乐的去处）.
Quām kiṁ（光景）	façon, maniere（n.式样，样子）.
Kiṁ lú（径路）	petit chemin, sentier, route（np./n.小路，小径，道路）.
Kiṁ（镜，敬）	un miroir（n.镜子），honorer（vt.尊敬），faire cas, & estime（vp.器重，看重）.
Kiṁ táo ché lì（径到这里）	je va droit là.（s.我径直去那里。）
Kiṁ quó（径过）	je passe droit en ce lieu.（s.我径直经过这地方。）
K'ṁ（轻）③	leger（a.轻），de peu de consideraton（pp.不上心）.
K'iṁ hoě（轻忽）	mespriser（vt.轻视）.
K'iṁ mám（轻慢）	le mesme（同上）.
Kî k'iṁ（吉庆）	feste, resjoüissance（n.节日，喜庆），se traitter & se resjoüir（vp.欢宴和娱乐）.
Kiñ（金）	or, metail（n.金子，金属）.
Ti'ě kiñ（贴金）	dorer en feüille（vp.贴金箔）.
Tú kiñ（镀金）	dorer des calices（vp.为圣餐杯镀金）.
Kań kiñ（干巾）	linceul, linge（n.裹尸布，衣衫），suaire ou mouchoir pour s'essuyer（np.擦汗用的布头或手帕）.④
Kiṅ meô（锦毛）	poil d'animal（np.动物的毛发）. peint（n.画笔）.

---

① 意思与汉语句子不无出入。
② 释义说不通，疑为 point d'eau（水眼、井眼）之误。
③ 脱一字母，当拼为 *K'iṁ*。
④ 最后一义另有其词，即"汗巾"（341 页右）。

Kiǹ xiḿ（谨慎）	estre attentif（vp.留神）.
Kiń（近）	prés, environ（ad.近、附近、周围），joignant（a.邻近的）.
Chaî kiń（朝觐）①	visiter le Roy（vp.拜见君王）.
Kiń chì（禁止）	deffendre（vt/禁止）.
Kiń chŏ（紧捉，紧着）	cueillir, prendre, enlever, recevoir, forcer（vt.捉住，抓住，举起，得到，用力）.
Tań k'iń（弹琴）	toucher（vt.弹拨）.

（351页，右栏）

K'iń hieñ（琴弦）	cordes des esclaves（np.[捆缚]奴隶的绳索）.②
K'iń（勤）	diligent（a.勤奋的）.
K'iń chāi（钦差）	depeches du Roy.（np.君王的使臣。）
K'iń tień kień（钦天监）	Mathematiques du Roy（np.君王的数学[馆]）.
Kiǒ（角，脚）	corne（n.兽角、号角），pied（n.脚）.
Pú chi pú kiǒ（不知不觉）	ne pas advertir, ne tomber pas（vp.无人提醒；不巧）.
Kiǒ taǒ（脚套）	scarpins（n.薄底浅口皮鞋）.
Xeù kiǒ（水脚）③	un pied d'eau（np.水涬）.
Cieù kiǒ（酒脚）	pied de vigne（np.残酒）.
Cań kiǒ（赶脚）	pale-frenier, homme qui pence les chevaux（n.马夫，即养马人）.④
Quò kiǒ（裹脚）	presser avec les pieds（vp.用脚按压、催促）.⑤
Ki'ě chě（曲尺，曲直）⑥	esquadre⑦（n.曲尺），chose tortuë（np.遭歪

---

① *Chaî* 为 *Chaô* 之误。

② esclaves（奴隶），疑为 clavecin（拨弦古钢琴）之误。

③ *Xeù* 为 *Xùi*（水）之误。

④ pence，似为 panse（梳刷马匹）的旧拼。

⑤ 释义似指策马，与汉语词目有出入。

⑥ *Ki'ě*，疑为 *Kiǒ*（曲）之误。

⑦ esquadre，可能取自葡萄牙语 esquadra（曲尺）。

	曲的事情).
Kiǒ`lh（曲儿）	cantique ou chanson（n.圣曲，歌曲）.
Guêi kiǒ（委曲）	tour, destour, ambage, cercle, tournoyement（n.回转，迂曲，吞吞吐吐，圆圈，迂回）.
Pú siam̄ kiū（不相拘）	n'estre pas attaché, lié, ny uny ensemble（np.毫不相干，没有关联，没有共同点）.
Qůēi kiū（规矩）	compas（n.圆规、量规）.
Kiù hień（举献）①	eslever ou prendre le plus sage pour Roy（vp.为君王提拔或寻求贤才）.
K'iù（驱，祛）	chasser dehors（vp.逐出）.
Yúm k'iú（晕去）	esvanoüir, se pasmer, tomber en foiblesse（vi./vr.昏厥，晕倒，因虚弱而摔倒）.
Kiñ kiuě（金诀）	regles secretes des choses rares（np.珍稀之物的秘诀）.
K'iuě（阙，缺）	faute（n.错误），ouverture, fente（n.口子，裂痕）.
K'iůê（瘸）	clocher（vi.跛行），estre boiteux, n'avoir point de pieds（vp.瘸，两脚一高一低）.
Kiuèn chèń（卷缠）	enroller（vt.缠绕）.
Kiuén（卷）	chapitre de livre ou volume（np.书籍的章或卷次）.
Kiůē（圈）②	cercle. arc（n.圆圈；拱形）.
Çai kiůên（猜拳）	
Hoá kiůên（划拳）	combatre à coups de doits qui est un jeu particulier en Portugal & en Espagne（np.一种斗指头的游戏，在葡萄牙人和西班牙人中间非常流行）.
Kiůên xí（权势）	pouvoir. empire, commandement, seigneurie, domination（n.权力；统治，指挥权，领地，支配）.

---

① hień 或为 hień 之误，即"举贤"。
② 漏写韵尾 n。

Kiuên yáo（权要）	la mesme chose（同上）.
Kiuên cě（权责）	faire par epicreye（？）.
Yúm kiuên（用权）①	en attendant（pp.暂且），cepandant（ad.然而）.
Kiuèn（犬）	un chien（n.狗）.

（352页，左栏）

Kiuên（劝，楦）②	exhorter（vt.劝诫）. forme de soüillers（np.鞋子的模型）.
Kiuên ciń（全尽）	laiser tout（vp.尽弃、任由）.
Fueñ tě kieñ（分得均）	partager esgalement（vp.平分）.
Fueñ kieñ（分均）	victoire esgalement en dispute, ou bien estre tout a fait quinaut（np.争执双方没有输赢，或者说局面尴尬）.
Kium̄ mà（军马）	armée（n.军队）.
Kiuǹ çù（裙子）	cotillon ou cotte de femme（np.女人穿的短内裙或工装裙）.

La

Lǎ（蜡，拉）	de la Cire pour brusler（np.燃点用的蜡）. pousser ou poulser（vt.推或拉）.
Lǎ tǎ（邋遢）	maussade, mal-basti（a.阴郁的，难看的），negligent de sa personne（ap.不注意外表），lasche, flac, delabré（a.拖沓的，软弱的，颓败的）. sien（pron.他[她、它]的）.③
Mǒ laî teû（没来头）	sans fondement（pp.没有基础）.
Lái（赖）	presser ou fouler les raisins④（vp.压榨或踩踏葡萄），blasmer（vt.责骂）.
Vû lái ti（无赖的）	estre au prés ou aux environs（vp.在附近或周

---

① 犹权用，权且使用。
② "劝"，调符有误。"楦"，确当的拼法为 *hiuén*，见"楦头"（343页左）。
③ 末了一项物主代词的释义属于误植，当另有汉语词目对应。
④ raisin（葡萄）与raison（理性）形近易混，替换上后一词，意思便是践踏理性，蛮不讲理。

	边[闲逛]）．
T'û lái（徒赖）	blasmer à tort（vp.无端指责）．
Lâm（廊）	lieu couvert, portique ou appentis（np.有遮盖的场所，如回廊或披屋）．
Lân cañ（阑干）①	degrés, marches, honneurs, dignités（n.阶梯，梯级，爵位，身份）．
Piě lañ（碧蓝）②	des choux（n.卷心菜）．
Laǹ pim̀（懒病）	paresse（n.懒惰）．
Laǹ tǒ（懒惰）	paresseux（a.懒惰的 n.懒汉）．
Lán（烂，缆）	le pus ou l'appostume d'une playe（np.创口化脓溃烂）．le cable ou corde, ou bien selon quelques uns le pilier où on attache le cable du navire（n.缆绳，或据有些人说，指系船舶缆绳的桩子）．
Lán nî（烂泥）③	lame de fer ou de cuivre ou de quelque autre metail（np.铁片、铜片，或其他金属片）．
Lán yúm（滥用）	consommer[,] gaster beaucoup（vp.大量消耗，毁害）．
Lâo cú（牢固）	fort qui durera beaucoup（ap.坚固、耐久之物）．
Pú càn lâo（不敢劳）	je ne suis pas d'humeur à vous affliger.（s.我并无意烦劳阁下。）

（352页，右栏）

Yeù lâo（有劳）④	un pigmée（n.矮人）．⑤
Yòe laò（弱老）	sans merites（pp.没有价值）．

---

① "阑干"（栏杆）不是阶梯，但有楼梯处多设栏杆，或因此与梯级义通。"阑干"又借指衣裳的缘饰，古时为社会地位和身份的象征。
② 即甘蓝。
③ "泥"字又拼为 gñi，与"烂泥"对应的法语词 bourbe（淤泥、河泥）也见于该处（356页右）。这里的释义只是针对用为涂料的泥金。
④ 此词与上一词目"不敢劳"关联，而与右侧的释义并不对应。
⑤ 此条释义归"弱老"。

Laò chiḿ（老成）	viel ou vieux, raffis（a.老、年纪大的，优雅的）.
Leám（梁，凉）	poutre, colomne（n.大梁，柱子）. frais（a.凉爽的）.
Leâm xeń（良善）	un bon homme, entier（np.好人，[品格]完满）.
Leám kě（亮格）	barraux de fenestre（np.窗户的栏杆）.
Leám（晾）	rafreschir une chose chaude（vp.使热的东西变凉）.
Leào tiáo（钌铞）	un crochet du porte qui se ferme avec une scie suspenduë（np.门上的搭扣，用悬垂的挂钩来开合）.
Leáo kiuě（尥蹶）	regimber（vi.[马]踢）.
Vě leáo（物料）	materiaux（n.材料）.
Leáo xê téû（撂石头）	tirer des pierres（vp.抛扔石块）.
Sién lêm（线棱）	les bords des tables（np.桌子的边）.
Lêm kiǒ（棱角）	les coins des tables ou des quarrés（np.桌子或方形物的角）.
Leǹ tán（冷淡）	de peu de commerce, de peu de trafic（pp.生意清冷，车马稀少）.
Leû tâi（楼台）	tour à divers planchers（np.多层楼板的塔）.
C'ū leú（骷髅）	le crasne de la teste（np.头颅）.
Lieû cieù（留酒）	descendre pour manger, aller au banquet（vp.来吃饭，去赴宴）.
Lieû t'ā chú（留他住）	je feray mettre.（s.我来安排住宿。）
Lieû faṅ（留饭）	je feray mettre à menger.（s.我来安排用餐。）
Lieû pú chú（留不住）	ne pouvoir pas demeurer（vp.不能留居）.
Miên lieû（冕旒）	couronne Royale（np.皇家的冠冕）.
Fám lieû（放流）	banir, confiner, releguer. chasser hors du païs, exiler（vt.驱逐，监禁，流放；vp.逐出国境，流徙）.

Xě xim̄（赦生）①	laisser les commandements, ne faire pas ce qui est ordonné（vp.放弃成命，不照决议行事）.
Xě lieû（舌流）②	langage, idiome, comune façon de parler du vulgaire（n.语言，方言，即通俗的说话方式）.
Leú çù（漏子）	entounoir（n.漏斗）.
Lh hôam（耳环）	les anses des vases（np.花瓶的提手）③.
H′l siñ（贰心）	pendants d'oreilles（np.耳坠）④, falsifié, malicieux, perfide（a.假装的，恶意的，不忠实的）.
H′l（饵）	doux（a.甜 n.甜味、甜酒）⑤, amorce（n.诱饵）, appast de poisson（np.鱼饵）.
Pú gě l`h（不入耳）	il ne m'entre pas dans l'oreille.（s.他听不进话。）
Lî（离）	rejetter, chasser（vt.丢弃，逐出）. diviser, separer, desunir（vt.划分，分离，不和）.
Lî pǎ（篱笆）⑥	
Lî mim̂（黎明）	le point du jour（np.天亮时分）.

（353页，左栏）

Sieǔ lî（消梨）	des poires（n.梨）.
Hû lî（狐狸）	un renard（n.狐狸）.
Pó lî（玻璃）	un verre（n.玻璃）.
Lî（犁）	un rasoir（n.铲刀、剃刀）.
Táo lì（道理）	courtoisie, civilité（n.礼貌，文明）.
Tiěñ lì（天理）	conscience, justice（n.良心，公理）.
Lì máo（礼貌）	la façon des civilités（np.文明有礼的方式）.

---

① 此条似乎是作为"放流"的反义词列出的，若按音序不该出现在这里。
② 犹流舌、流言。
③ 当对应于"环"（343页右）。
④ 耳坠一义，当接排于上一条。
⑤ doux（甜），疑为 deux（二）之误。
⑥ 缺释义。

Lí ciéń（利钱）	gain, profit（n.盈利，利益）. usure（n.高利贷）.
Lì ciě（力竭）①	un grand desir d'aller à la celle. les espreintes ou efforts sans effets que l'on fait（vp.下大决心要做成；百般努力而没有结果）.
Çáo lí（皂吏）②	crachat（n.唾液、痰）.
Lí yèn（詈言）	parolles injurieuses（np.骂人的话）.
Lim̀ lí（领吏）③	prendre possession d'un office（vt.接手公务）.
Liě c̀āi（裂开）	ouvrir, fendre（vi.裂开口子、破裂）.
Liě guěi（列位）	c'est un mot de civilité & une courtoysie semblable à celuy de seignurie des Italiens, dont on ne se sert qu'à l'endroit des personnes de condition.（s.这是一个表示尊敬的文雅词，类似于意大利人说的"诸位先生"，只对有身份地位者使用。）
Liě lú（裂露）	celuy que casse ou efface（cl.打碎或褪了色的东西）.
Tà liě（打猎）	aller à la chasse（vp.去打猎）.
Liě kí（力气）	les forces（n.力量）.
Liě fã（历法）	regles du calandrier（np.年历的定则）.
Liě puèn（历本）	calandrier（n.年历）.
Liě c̀ù（栗子）	chastaignes（n.栗子）.
Lién hóa（莲花）	feüiles de nymphea（np.水神之花的花瓣）.
Lién nghèu（莲藕）	racine de la mesme（np.这种花的根茎）.
Hò lién（火镰）	un fusil pour tirer du feu（np.打火用的器具）.
Lién mêm（连忙）	avec empressement（pp.急忙）.
Chuām lién（妆奁）	dot ou legitime. grace（n.嫁妆，即合法婚姻的赐赠）.
C'ò lién（可怜）	digne de compassion（ap.值得同情）.

---

① "力"，注音有疑，他处拼为 *liě*，入声。
② 与释义无以对应，或非其词。
③ 即领吏部任命。

Lièn（脸）	la face, le frond, la bouche（n.面孔，正面，嘴脸）.
Cim̄ lièn（精练）①	exercé en une chose（ap.谙熟某事）.
Lièn ciú（炼去）	purger ses pechés（vp.肃清罪恶）.
Lièn yǒ（炼狱）	le purgatoire（n.炼狱）.
Lièn xě（恋色）	luxurieux, lubrique（a.淫荡的，贪色的）.
Lièn ciù（恋酒）	beveur, yvrogne, yvrognerie（n.酒鬼，醉汉，酒癖）.
Tiě lièn（铁链）	une chaisne de fer（np.铁链）.
Lim̀（令）	ordonner, mander, commander（vt.命令，通告，指挥）. compagnie（n.陪伴）②.

（353页，右栏）

Lim̀ mài（零买）	achepter à petits mourceaux（vp.少量、一个个买入）.
Ngò lim̀（鹅翎）	aisle d'oye（np.鹅的羽毛）.
Lim̀ ch'î（凌迟）	despecer, mettre en pieces par ordre de la justice（vt.分割，即根据法令肢解处死）.
Lim̀ mim̀（领命）	recevoir les commandemens, obeir aux ordres（vp.接受指令，服从命令）.
Lim̀（领）	recevoir, recouvrer, exiger（vt.接受，收复，需要）.
Lim̀（令，另）	commander（vt.命令）. haut & eslevé（a.崇高的，高尚的）. vostre（pron.您的）. hors dicy（pp.别处、另外）.
Lim̀ çó tià（另作答）③	j'escriray ou fairay une autrefois.（s.我另外再写或做。）
Cáo lim̀（诰令）	ordres du Roy（np.君王的命令）.
Liñ（林）	un bocage（n.小树林）.

---

① 本条及以下五例 *lièn*，均为 *lién* 之误。
② 似指"令"字作为敬辞的用法，如"令宠""令价"（332页右、349页右），均为对方的陪伴人物。
③ *tià* 为 *tǎ*（答）之误。

Liñ çû（临时）①	songer, tascher à se despescher（vp.打算、试图赶紧了结某事）.
Liñ chūm（临终）	à l'heure de la mort（pp.临死时）.
Liñ cheǹ（临产）	à l'heure de l'enfantement（pp.分娩之际）.
Çǎm liǹ（仓廪）	un celier, une cave, ou un grenier（n.储藏室，地窖，或谷仓）.
Liǹ xéu（廪受）	*Siéu cúi* qui vit des rentes du Roy（np.依靠皇家所给廪金生活的"秀俊"）.②
Kieñ liǹ（悭吝）	avare, avaricieux（a.吝啬的，贪婪的）.
Liǹ tě（吝啬）③	ciche（n.小气鬼），eschars④，sobre（a.有节制的）.
Liǹ kiáo（吝教）	un homme qui ne veût pas enseigner（np.不愿施教的人）.
Lù liǒ（掳掠）	prendre par force（vp.以暴力夺取）.
Liǒ（律）	loys, regles（n.法律，规则）.
Liû çù（驴子）	asne（n.驴）.
Qúo liú（过虑）	soubçonneux resveur, imaginatif（ap.生性爱胡思乱想，好臆想）.
Liú（虑）	penser beaucoup（vp.想得很多）.⑤
Lô（罗，箩，咯）	boutique（n.[带孔眼的]鱼箱）. panier rond（np.圆形的篮子）. soit（ad.好吧）.
Lô çù（骡子）	le masle de qu'elle espece que ce soit（np.属于上述畜类当中强壮的一种）.⑥
Lô çù chueǹ（骡子转）	speculation, consideration（n.思辨，考虑），penser, peser（vi./vt.思考，斟酌）.⑦
Lô kim̄（罗经）	aigeüille de mer, boussole, quadran（np./n.指

---

① *çû* 为 *xî*（时）之误。

② "秀俊"，当为"俊秀"，纳粟监生的别称；*cúi* 系 *ciún*（俊）之误，见"俊""骏马"（335 页右）。

③ *tě* 为 *sě*（啬）之误。

④ 此词不明所指。

⑤ 此条释义似更对应于上一词目"过虑"。

⑥ "上述畜类"，指驴子。

⑦ 此条释义疑为误植，当与上面隔开两行的词目"虑"对应。

	南针，罗盘，海图）．
Ló pě（螺摆）	resort de deux sortes（np.两种弹簧之一）．
Kiñ lŏ（经络）	les nerfs（n.神经）．
Mĕ lŏ（脉络）	les vaines（n.静脉、血管）．

（354页，左栏）

Lŏ tô（骆驼）	chameau（n.骆驼）．
Lŏ iń（落婴）	l'agitation des femmes quand elles veulent anfenter（np.女子产前的焦躁不安）．①
Lŏ（鹿，绿）	cerf（n.鹿），verd（a./n.绿、绿色）．
Lŏ lû（辘轳）	instrument pour tirer de l'eau（np.汲水的工具）．
Xaḿ lŏ（上绿）	dissiper les metaux（vp.消解金属）．
Xĕ lŏ（石绿）	pierre verte（np.绿色的石头）．②
Túḿ lŏ（铜绿）	un ramau verd（np.青绿）．
Yeû lŏ（油绿）	verd obscur（np.暗绿）．
Lū chaî（芦柴）	une clie d'osier qui se brulle（np.烧火用的枝条）．
Tiáo lû（吊炉）	encensoir（n.香炉）．
Tuaḿ lû（端炉）	foyer, vase destiné pour faire exhaler les odeurs（np.炉子，排散香气的器皿）．③
Lû（掳，虏）	captiver（vt.俘获），rendre captiv（vp.成为俘虏）．
Yaô lù（摇橹）	armer, voguer, aller à la rame, tirer l'aviron（vt./vp.划桨，划船，摇橹）．④
Lù（橹）	rame, aviron（n.桨，橹）．
Lú chŏ（露出）	paroistre au dehors（vp.外露），se descouvrir（vr.暴露）．
Hoèi lú（贿赂）	corrompre, suborner（vt.使腐化堕落，行贿）．

---

① anfenter，即 enfanter（分娩）。
② 这是把"石绿"当成了"绿石"。
③ 端炉是铁匠炉，排散香气云云似应与上一条释义接排。
④ armer 为 ramer（划桨）之误。

Lú cán siñ cù（路赶辛苦） travail dans le chemin（np.一路上的艰辛）.
Lú. yě tiaô lú（露，路；一条路） rosée（n.露水）. voye, chemin（n.道，路）.
Lúi（擂） moudre（vt.磨碎）, reduire en poussiere（vp.碾成粉末）.
Pí lûi（霹雷） la cheute du foudre（np.雷击）.
Lûy hiàm（雷响） tonner（vi.打雷）.
Ch'ǒ lúi（出类） eminent（a.优秀的）. ostelerie ordinaire（ap.不同寻常的）.
Yèn lúi（眼泪） les larmes（n.眼泪）.
Lúi giñ（累人） donner de la peine ou du chagrin, tirer peine, c'est à dire estre en peine（vp.使人辛苦或悲哀，费尽力气，也即十分辛苦）.
Hiá lúi（下泪） pleurer（vi.哭）.
Lum̂ lì（隆礼） traitter civilement & avec grande courtoisie & civilité（vp.待人彬彬有礼，非常客套，极有礼貌）.
Heú lûm（喉咙） la gorge, le gosier（n.喉咙，嗓子）.
Lum̂ sivên hiam̂（龙涎香） de l'ambre（n.龙涎香）.
Lum̂（龙、隆）①
Tem̂ lum̂（灯笼） lanterne（n.灯、提灯、路灯）.

（354页，右栏）

Hô lum̀（合拢） joindre, unir, assembler（vt.加入，联合，合并）.
Lum̀ chue̓ñ（拢船） aller sur le rivage le long de la coste（vp.在岸上走，沿着岸边走）.②
Lùm（笼） un panier avec son couvert（np.带盖的篮子）.
Lium̂ siù（轮序） le tour（n.圈子、环绕）, chacun son tour（np.轮流）.
`U lûn（五伦） les 5 ordres naturels（np.五种自然秩序）.

---

① 缺释义。同音字还有"聋"，本词典上未出现。
② 释义不确。"拢船"指驾船靠岸，也称"拢岸"。

Tào lún（讨论）①	chercher l'origine & le principe des causes（vp.穷究来源和因果原理）. tirer des armes（vp.掏出兵器），escrimer（vi.舞剑）.②
Lûn táo（抢刀，论道）③	debatre quelque chose par le moyen des armes（vp.以武力解决关于某事的争执）.
Lûn pú chǒ（轮不着）	il ne me touche, il ne m'importe pas.（s.这事不涉及我，跟我没什么关系。）
Kiàm lún（讲论）	disputer, pratiquer, experimenter, exercer（vt.争论，修行，实践，练习）.④
Luòn（卵）	testicules, genitoires（n.睾丸，生殖器）.
Luòn xě（卵石）	un conin（？）.
Luón（乱）	broüilleries, revoltes, seditions（n.混乱，叛乱，暴动）.

Ma

Mâ fum̃（麻风）	lazare（n.麻风病）.⑤
Mâ liên（麻裢）	sacs de chanvre（np.麻织的口袋）.
Chī mâ（芝麻）	gerselain[,] sorte de grain plus petit que le millet（n.芝麻，一种比粟更小的谷粒）.
Mâ yeû（麻油）	huile des gerselain（np.芝麻油）.
Mà çù（码子）	poids ou balances（n.秤砣或砝码）.
Mà ŷ（蚂蚁）	fourmis（n.蚂蚁）.
Mâi（埋）	enterrer, ensevelir, enfoüir（vt.安葬，入殓，掩埋）.
Mâi çái tí hiá（埋在地下）	le mesme（同上）.
Mán mán（慢慢）	loisir, oysiveté[,] repos（n.从容，闲散，悠闲）.

---

① *lún* 为 *lûn* 之误。"论""伦"古同音，都是平声字。

② 后两项释义当与下一词目"抢刀"对应。

③ 对应于上一条的第一项释义，即探讨事物的源起与因由。

④ 后三个词与"讲论"的意思正相反，或者说是"讲论"所缺少的。有可能是西士随手写下的反义词。

⑤ 17世纪法语称隔离病院为 lazaret，今仍用此词指边防检疫站；可比较葡萄牙语 lázaro（麻风病人，脓疮满身的人）。

Qǔōn mán（宽慢）	traitter des affaires sans attache（vp.处事漫不经心）.
Vû meû（无谋）①	
Meû（谋）	traces（n.计划）, desseigner, marquer（vt.图谋，紧盯）.
Máo cům（毛孔）	le poil des chevaux & du corps（np.马和人体的毛）.
Meù（亩）	arpenteur ou estimateur. de terre（n.丈量或估测土地所用的单位；田地）.

（355页，左栏）

Miù kién（谬见）	prendre les choses à rebours, de travers & autrement qu'il ne faut（vp.行事荒谬，乖僻，悖于常理）.
Hóa mî（画眉）	rossignol（n.夜莺）.
Yà mî（哑谜）	enigme（n.哑谜）.
chển mí（谄媚）	flatter（vt.谄媚）.
Miâo hóa（描画）	peindre（vt.绘画）.
Miâo kiñ（描金）	dorer avec des feüilles d'or（vp.用金箔装饰）.
Miào xí（藐视）	estre mesprisable（vp.行径可鄙）.
Chuī miě（摧灭，吹灭）	esteindre, appaiser, pacifier（vt.扑灭，平息，绥靖）, assoupir en soufflant（vp.吹气以熄灭）.
Miě vǒ（蜜窝）	un rayon de miel（np.蜂房）.
Pí miě（秘密）	joüer à la chatemitte, qui est un jeu ordinaire aux enfans qui en voilent un de la troupe; afin qu'il cherche les autres sans y voir, & qu'il les devine les ayant trouvés（vp.捉迷藏，一种儿童常玩的游戏：一个人被蒙上眼，要捉到其他人，并且猜出是谁）.
Miě kiaò（密较）	penser interieurement, resver à une chose en son particulier & en soy mesme（vp.心下暗

---

① 无法文释义，当排于下一条之后。

	想，因某事独自思忖）.
Ch'iń miĕ（诚觅）①	s'excuser ou demander pardon si on incommode（vp.为打搅他人而道歉或请求原谅）.
Mièn kiaḿ（勉强）	s'encourager, s'animer, s'exciter, s'inciter（vr.互相鼓气，群情踊跃，彼此勉励，自我激励）.
Mièn çaō（免操）	ne faire point reveüe ou montre（vp.不列队、不做操）.
Mièn xeù（俛首）②	abaisser la teste（vp.低头）.
Suón mién（酸面）	du levain（n.酵母）.
Fă mién（发面）③	louange（n.称赞）.
Mién ċiḿ（面情）④	traitter les estrangers avec affabilité（vp.对待外国人和蔼可亲）.
Tì mién（体面）	honneur, reverence（n.荣誉，威严）. renommée, gloire, bruit（n.盛名，荣耀，名声）. personnage（n.名人）.
Mîm xiḿ（名盛，名声）	renommée, reputation（n.名望，声誉）. nom（n.名字、名义、名声）. jurement（n.虚言假誓）⑤.
Mîm yŏ（名约）	parolle donnée（np.承诺之言、诺言）.
Yēu mîm（幽名）	bourg ou village ou ville, mais plus proprement lieu, place triste & obscure（n.乡镇、村落或城市，确切地说，是指清冷幽静、默默无名之地）.
Miḿ mŏ（瞑目）	fermer les yeux à ceux qui meurent（vp.死亡时闭上眼睛）.

---

① 谓诚盼宥恕、宽谅等等。
② "俛"（俯）误读为"免"音。
③ 这一词目当与上一条释义关联，而右侧的 louange 则与下一词目有关。
④ 犹言"情面"，给足面子，释义理解为宽怀以待。
⑤ 指空名，徒有虚名。

（355页，右栏）

Chǎm mim̀（长命）	vie acheptée（np.买来的命）.
Tuón mim̀（断命）①	
Vań mim̂（万民）	tous les hommes（np.所有的人）.
Mîm tień（悯天）	invoquer le secours du Ciel（vp.祈求天助）.
Mǒ fâm（磨房）	un moulin（n.磨坊）.
Mǒ mién（磨面）	moudre du froment（vp.磨小麦）.
Mǒ cù（沫子）	de l'escume（n.泡沫）.
Mǒ yǒ（没药）	de la mirrhe（n.没药）.②
Mǒ siñ（没心）③	n'avoir point de peine ou de travail（vp.毫不费神或费力）.
Mǒ tuḿ（牧童）	pasteur（n.牧羊人）.
Mǒ yam̂（牧羊）	paistre des brebis（vp.放羊）.
Téù mǒ（头目）	le chef des larrons（np.为首的偷儿）.
Mû（模）	moule à faire des images（np.造图样的模子）.
Quēi mû（规模）	des regles（n.规矩）.
Héu mù（后母）	marastre④ ou bien belle mere par un nom plus doux（n.后妈，准确地说，是对继母口气更温和的称呼）.
Kí mù（继母）	prendre pour mere（vp.认作母亲）.
Sién mú（羡慕）	loüer une chose en la desirant（vp.赞美一样东西并且很想获得）.
Tá mûen（大门）	grande porte ou portail（np.大门或正门）.
Lh mûen（耳门）	la porte de devant（np.前面的门）.⑤
K'i muén（气闷）	fasché, ennuyé, desgouté（a.生气的，恼怒的，不开心的）.
Siaò muén（消闷）	s'esvaporer, jetter son feu, exaler（vr./vp./vt.气晕，发火，发泄）⑥, se promener, prendre le

---

① 无法文释义。或为"短命"，与上一条构成反义。
② 一种活血止痛的药材。
③ 可能脱字，即"没费心"。
④ 今拼 marâtre（继母），多具贬义，转指残忍无情者。
⑤ 释义不确，当指前厅或大门两侧的小门。
⑥ 这三项释义似应归属上一条"气闷"。

	frais, se desennuyer（vr./vp.散步，乘凉，解闷）.
Yèu muén（忧闷）	tristesse, ennuy, melancholie（n.伤心，不快，忧郁）.
Mùi（每）	chacun（pron.每一个），chaque fois（np.每次）.
Mùi chiñ（霉沾）①	la roüilleure, douleur（n.锈腐，苦楚）.
Lǒ chǒ mùi（落烛煝）	moucher la chandelle（vp.剪烛花）.②
Cieǹ mùi（剪煝）	la meche bruslée d'une chandelle（np.燃尽的蜡烛芯）.
Muí fū（妹夫）	beau-frere（n.妹夫、姐夫、小叔、内弟等）.
Cheǹ múi（谄媚）③	flatter, amadoüer, caresser（vt.谄媚，讨好，温存）.
Tái múi（玳瑁）	escaille de tortüe（np.龟甲）.
Mûm ngēn（蒙恩）	recevoir un bien fait（vp.受到优遇）.
Çǒ múm（作梦）	songer, resver（vi.做梦，遐想）.
Kiàn múm（讲梦）	racompter des choses fabuleuses ou des contes（vp.讲述奇闻异事，作无稽之谈）.

（356页，左栏）

Múen（闷）	couvrir, cacher（vt.遮盖，隐藏）. Ne vouloir pas dire（vp.不愿说）.
Mùon yèn（满眼）	avoir veu plusieurs lieux（vp.处处看到）.

Na

Nǎ kién（纳监）	achepter un office de Xiéu seḿ（买下"监生"的官职）.④

---

① 犹沾霉、发霉，转指倒霉。
② 这一条释义当与下一条对调。
③ 前文曾出现 cheǹ mí（谄媚），与此条当属同一词。
④ Xiéu为Kién（监）之误。通过纳粟或捐资得入官学，形同用钱买官，对其身份的美名为"俊秀"，可参看Lìn xéu"廪受"（353页右）。

Nă çū（纳租） ⎫ amasser, accumuler des biens & des rentes（vp.
Xèu çū（收租） ⎭ 搜集、聚敛资财和租税）.

Nái tā pú hô（奈他不何） ne passe pas avec luy.（s.拿他没办法。）

Suì nâm（水囊，尿囊） bouteilles qui se forment sur l'eau quand il pleut, ou bien des vessies qui paroissent sur le corps des personnes（np.下雨时陈放在水上的瓶子，或指人体内的尿脬）.①

Pói nâm（背囊）②

Ngāi cāo（哀告） se marier à regret（vp.后悔成婚）.

Ngāi xīm（哀声） voix d'un douleureux（np.哀痛者发出的声音）.

Ngāi cȯ（哀哭） pleurer amairement（vp.痛哭）.

Vû ngái（无碍） il n'empesche, il ne destourne.（s.这不妨碍，不影响正事。）

Siām ngái（相碍） s'empescher les uns les autres（vp.彼此妨碍）.

Ngān lǒ（安乐） rejoüissance, repos, relasche, quietude, deslassement（n.欢乐，安宁，松弛，平静，消乏）.

Ngām çù（鞍子） selle de cheval（np.马匹的鞍鞯）.

Ngān k̇ì（按起） dissimuler le domage（vp.隐瞒损失）.

Ngán xeù（案首）③ *Tě siéu çâi* le cathalogue（np.[见录于]名册,"得秀才"[第一名]）.

Paṁ ngàn（帮案） amis cachés, les personnes qui servent de soustien & d'appuy, mais qui ne paroissent pas（np.隐身的朋友，暗中给予支持和资助，而不显露真身）.

Ciēn ngâo（煎熬） noix estroites（np.极度困苦）.

Chě ngáo（执傲） obstiné, oppiniastre（a.顽固的，倔强的）.

Xiṁ ngáo（深奥） cause fondamentale（np.根本的原因）.

---

① "水囊"，古时用来盛水的灭火器材。
② 未见法文释义。此条在页面上虽然平行于右侧的释义，却应该是独立的条目。
③ "案"，指考试名单。童生参考获头名者，称为"案首"。

Ngēn chù（恩主）	bien-facteur（n.恩人）.
Paó ngén（报恩）	remercier, rendre graces, sçavoir gré, agréer（vt.感激，vp.报答，知恩图报）.
Ngén ŷ（恩义）	se souvenir des faveurs & des services rendus（vp.记得恩主以及所受的恩惠）.
Pói ngeñ（背恩）	desagreable ou de mauvaisse grace, ou bien ingrat, mesconnoissant desdaigneux（a./ap.令人不快的，或品位低下，辜负恩德，傲慢无礼）.
Nghéu jǒ（殴辱）	deshonorer, avilir, diffamer（vt.侮辱，糟蹋，中伤），faire honte（vp.使人丢脸）.
Ngheù（藕）	racine（n.根）.①

（356页，右栏）

Ngó（卧）	dormir. homme（vi.就寝，指人）.
Niêu（牛）	vache, ou bien selon quelques uns lieu ou place vuide（n.母牛；据另一种说法，指虚空的地方或处所）.②
Sī nieû（犀牛）	le Rinocerot. c'est un animal fort grand, qui a une corne sur le nez（n.犀牛，这是一种巨大的动物，头顶长有一只角）.
Xùi nieû（水牛）	une soufflée ou bouflée（n.奶牛或水牛）.
Gñi（泥）	lame ou feüille, ou bourbe（n.[金属]薄片或箔，或烂泥）.③
Niĕ cù（颞骨）	
Niĕ kí（捏系）	trousser la robe avec sa ceinture（vp.用腰带束起长袍）.

---

① 可比较词目 *Liên nghèu*（莲藕）（353 页左）。
② 所谓虚空，盖指民间关于生肖的一种解说：属牛者的本命佛为虚空藏菩萨。宋人张镃作祭奠诗《七夕前一夜翠樾堂设醮》，则是另一意义的联系："龙蛇薮泽秋声起，牛女虚空夜气添。"
③ 指泥金，可参看 *Lán nî*（烂泥）（352 页左）。

Ù niĕ（忤逆）	contrarier（vt.阻挠、顶撞）①, s'opposer（vr.对抗）.
Çám̄ niĕ（藏匿）②	se cacher, se mettre en un lieu secret（vr./vp.躲藏，躲在秘密的地方）.
Chiñ miĕ（沉灭）	se jetter dans l'eau（vp.自投于水）.
Niên（捻）	ramasser avec les mains（vp.用手捡拾、集拢）.
Hôai niên（怀念）	se ressouvenir de tout son coeur（vp.沉浸于回忆之中）.
Quá niên（挂念）	estre surpris & tout estonné en voyant（vp.看见后吃了一惊）.③
Nién（念）	prier（vt.祈祷）. se ressouvenir（vr.回忆）.
Nièu cañ（扭干）	tordre hors de l'eau, en tournant à force（vp.用力拧，以挤出水）.
Kiū nièu（枢纽）	habile pour les affaires（ap.办事干练）.
Pú nim̀（不佞）④	je ne sçay pas parler.（s.我不知道怎么说。）
Niù tí（纽缔）⑤	genre, sorte, maniere（n.种类，类型，方式）, race, lignée, parenté, lignage（n.种族，族裔，宗系，血统）.
Nô（挪，搦）⑥	faire quelque chose ronde avec les mains（vt.用两手把某物做圆）.
Nó m̀i（糯米）	cercles pour du vin（np.用来制酒的谷物）.⑦
Kie nú（激怒）	faire. se mettre en cholere（vp.使人气愤，发怒）.

---

① 原为 centrarier，疑有误。
② 第一个字音的调符有误。
③ 释义与词目无关，当另有对应。
④ "不佞"，指没有口才。
⑤ "缔"为根蒂，"纽"为系带，二者合一，便指一切事物的根柢与联系。另据《说文》，"蒂"为不可解之结，"纽"为可解之结，而万事万物发生与变化的因由以及其存在的方式，无非可解释与不可解释两种，可解释者由科学打理，不可解释者归上帝管理。总之，这是一个抽象的宗教哲学概念，其字为汉语固有，其词则有可能为著者自造。
⑥ "挪"，本义为用手揉搓。"搦"，如搦管，持笔管时手心保持中空。
⑦ cercles（圆圈）当为 cereale（谷物）的笔误。

Naô nú（恼怒） </br> Fuén nú（愤怒）	cholere. fascherie（n.愤怒；不悦）.
Kiài nú（解怒）	n'estre plus en cholere（vp.不再生气）, s'appaiser（vr.安静下来）.
Núi xaṁ（内伤）	pulmonique, pthisique（n.肺病，痨病）.
Núi piṁ（内病）	Etique, sec, maigre（a.因病憔悴的，干瘪的，瘦削的）.
Núm（农，脓）	agriculture（n.农业）. Matiere qui sort des playes. pus, ou postume（np.从伤口流出的东西，脓水或腐质）.
Núu（嫩）[①]	chose tendre（np.柔嫩的东西）.
Nuòn（暖）	tiede（a.温、温热、温和的）. chaud（a.热、烫、热心的）.
Nuèn mǒ（黏膜）	l'escorce（n.皮质）.

（357页，左栏）

Pa

Pā（疤）	crouste des playes（np.伤口的疤）.
Pā ciaō（芭蕉）	figue d'Inde（np.印度无花果）.
Cō pā（锅巴）	du ris pressé au fonds d'un pot（np.粘在锅底的米饭）.
Pā chàm（巴掌）	un soufflét（n.一记耳光）.
Yě pó hò（一筶火）	un phare ou monceau de feu（np.灯火，或一堆火）.
Pá liào（罢了）	passe.（s.不计较了，算了。）
Pá（把）	le manche d'un couteau（np.刀子的柄）.
Pǎ（拔）	arracher des herbes（vp.拔草）.
Pǎ pú kì lâi（爬不起来）	il ne peût pas se lever du lit.（s.他起不了床。）
Paì çù（摆子）	fievres tierces（np.间日疟）.
Pài（摆）	par ordre（pp.按次序）.
Pái hǒ（拜贺）	congratuler en visitant（vp.拜访并祝贺）.

[①] Núu 为 Nún 之误。

P'í（庇，避） se mettre à couvert de blasme（vp.设法躲避责备），s'excuser（vr.借口开脱）.

Tem̀ p'aî（盾牌） une petite rondelle que portoient les gens de pied, principalement ceux de Thrace à l'armée（np.步兵手持的小型圆状器具，与色雷斯人的军队使用的盾牌大抵相同）.

P'aî fam̄（牌坊） un arc triomphal（np.凯旋门）.①

P'aî hâm. l. pan̄（排行，排榜） par ordre（pp.按次序）.

Çūm p'ái（宗派） descendant de la race Royalle（np.皇族的后裔）.

Pam̄ hú（帮护） ayder, assister, secourir（vt.帮助，支持，支援）.

Yě pam̄ ch'uên（一帮船）

Pan̄（绑） attacher, lier, amarrer, des navires, anchrer（vt.绑缚，捆扎，如把船只系牢，抛锚并锚定）.

Ch'ì pan̄（翅膀）

Pan̄（膀） les aisles des pesseraux（np.燕雀类的翅翼）.

Fi p'ám̀（肥胖）② gras, gros, lourd, pesant（a.油腻的，肥大的，笨重的，迟钝的）.

Ç'ân p'ám̀（谗谤） murmurer, gronder（vi.嘟哝，哼哼）. se plaindre（vr.抱怨）.

Hoèi p'ám̀（毁谤） le mesme（同上）.

Pañ（斑） taches semblables à celles des Tygres（np.类似虎斑的斑点）.

Chǒ pañ（竹斑）③ rouseau ou cane pleine de taches（np.带有许多斑点的芦苇或竹子）.

Pañ kieū（斑鸠） tourterelle（n.斑鸠）.

---

① 凯旋门（今称 Arc de triomphe），源于古罗马，直译即拱形功德门，其样式和功能与中式牌坊略近。

② 第一个字音的调符不清晰。可参看前文 Fi 字音下的 Fí（肥）。

③ 据释义，当为"斑竹"。

Pań（板）	une table, un ais（n.木板，细木板）.
Pań yeû（板油）①	la graisse du ventre des hommes（np.人体腹部的油脂）.

（357页，右栏）

Tiáo pań（吊板）	table ou ais pour sortir du navire, & pour se desenbarquer（np.用于下船或卸货的木板）.
Pán cieù（办酒）	disposer, ranger, mettre en ordre les viandes d'un banquet（vp.置办、安排宴席，为宴席准备食品）.
Pań tĕ hào（扮得好）	il represente bien.（s.他扮演得好。）
Fuḿ pań（奉攀）②	dedaigner, mespriser de venir au festin（vp.鄙视，不屑得赴宴）.
Pāo（包）	sac, besace, bissac, paquet.（n.袋子，褡裢，褡联，包裹）.
Pāo ȳ（胞衣）	arriere faix（np.胎盘）.
Pāo çù（包子）	binnets remplis au dedans de plusieurs bonnes choses（np.带馅的糕点，里头塞着各种好吃的东西）.③
Pàa yaḿ（保养）④	se bien gouverner, se conduire comme il faut（vp.自我调理得好，行止顺其自然）.
Pâo giń（保人）	pleige, caution, respondant, ou bien un arrest de roüet d'arquebuse, ou un bouton, de manteau, & generalement pour tout ce qui arreste, comme les longes d'un faucon ou le fer qui tient un coffre ouvert（n.抵押，担保，担保人；或也指火枪的制动器，外衣的纽扣，以及一切起固定作用的东西，如牵猎隼的绳子、支箱盖的铁条）.⑤

---

① "板油"用于人，实属罕见，若非有误，便是赚语。
② 内心中瞧不起，却不得不赴席，是为高攀、奉攀。
③ binnets，疑为 biscuit（饼干）之误。
④ 据法文释义，应是这两个字，注音当为 *pào yàm*。
⑤ 前三个法文词与"保人"可对应，后面的一大串词似对应于"保险"。

Pào muén（饱闷）	occupé à manger（ap.忙着吃东西）.
Páo hì（报喜）	arbitre. bonnes nouvelles（vp.宣布好消息）.①
Páo chám（爆仗）	petits feux（np.星星小火）.②
Páo pim̀（刨平）	polir, unir, applanir（vt.磨平，使表面光洁，整饰）.
Kiám̀ páo（强暴）	injuste, inique（a.不公正的，有失公道的）.
Paó（爆）	ambrasser（vt.点燃）.
Fi paò（飞跑）	courir avec empressement（vp.急速奔跑）.
Páò mà（跑马）	courir la poste（vp.跑驿马）.
Páó（泡）	mettre tremper quelque chose dans l'eau（vp.把东西浸泡在水里）.
Fam̀ paó（放炮）	tirer les pices d'artilerie（vp.发射火炮）.
Chả paó（茶泡）	du fruit pour *Ch'â*（np.沏"茶"的果子）.③
Páo chả（泡茶）	*Ch'â* avec du fruit（np.用这种果子泡的"茶"）.
Pě cô（白鸽）	des colombes ou pigeons（n.白鸽，鸽子）.
Pě xeù（白首，白手）	des cicognes（n.鹤）. avec les mains vuides（pp.空手）.④
Hù pē（琥珀）	du cuivre, de l'airain, du laiton（n.铜，青铜，黄铜）.⑤
Mam̀ pě（忙迫）⑥	esloigné de nos affaires（ap.与我们无关）.

（358页，左栏）

Kiùn pě（窘迫）	perseverance（n.坚忍、执着）. ouvert（a.敞开的、坦率的）.⑦
Peù cāi（剖开）	ouvrir en rompant, brisant（vp.折断、砸裂）.
Xě pōi. l. p̄i.（石碑）⑧	pierres de sepulture（np.墓碑）.

---

① arbitre 似当作动词 arbitrer，句点属多余。
② 当指鞭炮。
③ 指油茶树的果子。
④ "白首"可能是白鹤的俗名；cicogne, 今拼 cigogne（鹤）。
⑤ 重复条目，见 344 页左。
⑥ 即仓促忙乱。释义称无关正事，意思大概是不必过急。
⑦ 释义说的似乎是身处窘境时应有的精神和心态。
⑧ 原注音指出，"碑"字可两读，*pōi* 或 *p̄i*。

Pì fām（比方）	comparaison（n.比较）.
Pì liĕ（比例）	proposition（n.比例）.
Pì chŏ çó（比着做）	faire à moytié, estre de moytié（vp.做一半，对半分）.
Pì pú lâi（比不来）	qui ne se peut comparer（cl.无法跟人比）.
Pì tĕ haò（比得好）	belle comparaison（np.合适的比较）.
Pì leú ti（鄙陋的）	homme bas, desesperé（np.卑鄙、无可救药的人）.
Pĭ çù（鼻子）	le nez, les narines（n.鼻子，鼻孔）.
Pí yèn（闭眼）	fermer les yeux（vp.闭上眼睛）.
Jò pí（躲避）①	s'escarter, s'esgarer, se fourvoyer, se desbaucher（vr.躲避，迷失，入歧途，放荡）.
Pí cái（被盖）	un lit de plume ou de laine, une couverte ou couverture（np.羽毛或羊毛铺的床，被盖或被子）.
P'î juèn（疲软）	doux. indeterminé（a.柔和的；犹豫不决的）.
P'i（批）	souscrire les demandes, accorder ce que l'on veût（vp.赞同要求，同意请求）.
P'i xam̄（砒霜）	une certaine herbe qui est poison nommée reagal（np.某种草本植物，称为雄黄，是毒药）.②
P'í jû（譬如）	comparaison（n.比较、比喻），exemple（n.例子、例如）.
Piāo（包）③	la valise（n.手提箱、袋子）.
Piaō t'î（标题）	titre de livre（np.书的题目）.
piaò（裱）	couvrir du drap avec du papier（vp.用纸覆盖单布）.
Piáó pú（漂布）	blanchir（vt.漂白）.
Hoéi piaó（汇票）④	lettre d'eschange（np.汇票）.

---

① *Jò* 为 *Tò* 之误。
② 砒霜非草，与雄黄也不同；reagal，当拼 realgar（拉丁语"雄黄"）。
③ 注音当为 *Pāo*（包），其字已见于前文。
④ 重复条目（见 344 页左），法语词的拼法小异。

Fueñ piĕ（分别）	distinction, difference（n.区别，差异）.
Piĕ chaî（劈柴）	fendre du bois（vp.劈木头）.
Páō piĕ（抛撇）	abandonner, delaisser, quitter, destituer（vt.抛却，丢弃，放弃，革除）.
Mà pieñ（马鞭）	la servente dont les equyers se servent pour faire aller les chevaux（np.骑马者用来策马的器具）.
Pieñ xaḿ（边上）	les murailles de la Chine（np.中国的长城）.
Pieǹ tî（匾题）	beau, insigne（np.优美的徽章）.①
Pieǹ fò（蝙蝠）	chauve-sourris（n.蝙蝠）.
Paî pieǹ（牌匾）	inscription ou titre des maisons（np.家族的铭文或称号）.
Piéń lúń（辩论）	disputer（vt.辩论）.
Cài pién（改变）	se changer（vr.[自身]变化）.
Pién hoă（变化）	generation & corruption（np.产生和蜕变）.

（358页，右栏）

Yú pién（遇便）⎫ *Tĕ pién*（得便）⎭	avoir des affaires, offre（vp.有事情，有公干）. occupé（a.忙碌的、没空的）.②
Pień piĕ（偏僻）③	hypocrite（a.伪善的 n.伪君子）, feindre, dissimuler（vt.假装，掩饰）.
Pień（篇）	chapitre de livre（np.书的章节）.
Pień chú（偏处）	lieu obscur（np.偏僻的地方）.
Pieñ nào（片脑）④	du camphre（n.樟脑）.
Pim̃ táḿ（冰糖）	du sucre candy（np.甜味的糖果）.
Pim̃ mà（兵马）	une armée（n.一支军队）.
Siĕ pim̃（谢病）	douleur（n.疼痛）.
Pà pim̃（把柄）	bout de chandele ou de flambeau ou autre chose pour prendre du feu（np.蜡烛或火炬的握把，

---

① 逗号疑衍。欧洲没有匾额之类，彰显身份或成就的"徽章"算是意思接近的对译。
② 法文释义与汉语词目的意思正相反。
③ "偏僻"，旧有偏颇歪斜之义。
④ 亦名龙脑香、婆律香等，俗称冰片，与樟脑并非同一物，但都属樟科。

	或其他用来持火的东西）。
Guêi p'im̂（鬼兵）①	diable. demon（n.魔鬼；恶魔）。
pi'm̂ chảm̂（平常）	une chose ordinaire（np.普普通通的事情）。
Chảô p'im̂（朝聘）②	appellé par le Roy à la Cour（vp.被君王招唤入朝）。
Xùi pīn（水滨）	le rivage de la riviere（np.河边）。
Ch'ó pin̂（逐摈，黜摈）	lever entierement（vp.彻底逐出）。
P'iñ（拼）	joint comme des ais avec des ais, du drap avec du drap（ap.木板与木板、绒布与绒布相拼接）。
P'iǹ kiě（品级）	un grade, dignité, charge（n.级别，头衔，职位）。
P'iǹ mà（牝马）	une jument（n.母马）。
Pō lǒ miě（菠萝蜜）	cotte de maille（np.穿有小圆环的短裙）。③
Pō c̓ái（菠菜）	espinars（n.菠菜）。
Pǒ p'î（剥皮）	oster l'escorce ou la peau（vp.剥掉壳或皮）。
Pǒ（薄）	subtil（a.纤薄的、精细的）。

Yn̂（银）		d'argent（pp.银质的）	
Kiñ（金）	pǒ（箔）	d'or（pp.金质的）	feüilles
Tiě（铁）		de fer（pp.铁质的）	（n.叶片、薄片）。
Tủm̂（铜）		de cuivre（pp.铜质的）	

Ki'm̂ pǒ（轻薄）	peu courtois, incivil, maleslevé（a./ap.没礼貌的，粗鲁的，欠教养的）。
Pǒ（博）	jetter au sort（vp.赌一把）。
P'ò chī（叵知）	sçavoir peu（vp.所知很少）。
P'ò nái（叵耐）	souffrir peu（vp.难以忍受）。
P'ò xiñ（破身）④	rompre（vt.打破），perdre la virginité（vp.失去贞操）。
Xě p'ó（识破）	sçavoir ou descouvrir le dessein de quelqu'un（vp.知晓或发现某人的企图）。

---

① 注音误同于"围屏"（341 页左）。
② 一国遣派大夫拜见别国诸侯，也称"聘"。
③ 疑为菠萝的谑称，因其表皮密布突瘤，好似穿贯的圆环。
④ "破"字的调符有疑。下面两例"破"字，调符也不统一。

P'ǒ xùi（泼水） jetter l'eau dehors（vp.向外泼水）.
P'ǒ fí（破费） consommer（vt.消费）, gaster beaucoup（vp.花很多钱）.
P'ǒ tào leào（扑倒了）① misericordieux（a.仁慈的）, porté à la compassion（ap.有同情心）.
Ç'û pōi（慈悲） misericorde（n.仁慈）.
Pōi（杯） l'a clef du vin（np.酒杯）.②

（359页，左栏）

Pói（背） virer ou se tourner de côté, c'est à dire torner le dos. reciter par coeur（vp.转身或反过身子，也即转过脊背；默默记诵）.
Pói kě（陪客） accompagner les estrangers（vp.陪伴生人）.
Pói（配） accompagner, apparier, esgaler（vt.伴随，配对，相等）, joindre deux choses ensemble ensorte qu'elles soient parfaitement esgales（vp.把两样东西结合起来并使之完全一致）.
Vú p'ói（无配） estre inesgal & n'estre pas pareil（vp.不一样，不相似）.
Pù（补） raccoustrer, rapiecer, refaire, rabiller, repetasser（vt.缝补，修补，重做，补偿）, donner la nourriture, entretenir（vp.补充营养，即保养）.
Pú xě（布舍） donner par faveur, & par grace（vp.厚待，施恩）.
Pú yḿ çiú（不迎就） ne pouvoir pas prouver une chose（vp.不能赞同某件事）.
Pú chaṁ cín（不长进）③
Xaṁ pú（上部） de la ceinture en haut（np.腰部以上）.

---

① 词目与释义不合。

② 似为 la coupe du vin（酒杯）之误。

③ 此条缺法文释义。

Hiá pú（下部）	de la ceinture en bas（np.腰部以下）.
	dépuis la ceinture en bas（pp.从腰部往下）.
P'û páo（蒲包）	sac pour du ris（np.盛米的袋子）.
P'û táo（葡萄）	raisins（n.葡萄）.
P'ū（铺）	estendre, apprestrer, appareiller（vt.铺展，整理，准备）.
P'ū cái（铺盖）	s'estendre au lit（vp.躺在床上）.
P'ù tien̂ hiá（普天下）	le monde ennuye（np.令人烦恼的世界、俗世）.
P'ú（铺）	boutique（n.小店）.
Chám puèn（唱本）	livre de comedies（np.剧本）.
Puèn fueñ（本分）	ils sont obligation.（s.这是义务。）
Xě puèn（蚀本）	perdre le capital（vp.损失资本）.
Puèn sú（本事）	habilité（n.能力），estre habille（vp.能干、有本事）.
Siñ puèn（心笨）	un homme rude, lourd, grossier（vp.愚鲁、呆笨、粗野的人）.
Tum̄ púen（通盘）	verser, rependre（vt.灌注，倾倒）.
Púen chén（盘缠）①	frais, coust, ou dépence du chemin（n.资费，费用，或指路资）.
Púen xùi（盘水）②	faire chere, se bien traitter（vp.款待，相待甚欢）.③
Hiam̂（飨）	se regaler, ou faire festin（vr./vp.设席宴客，举办宴庆）.
Puòn yèu（伴友）	compagnon（n.同伴）.
Poēm tiaô（烹调）④	appresterdes viandes（vp.准备膳食）.
Pě puōn（百般）	de mille façons, en mille manieres（pp.各种方式，千方百计）.

---

① "盘""盆"二字注音时混，见 *Puôn chéń*（329 页右）。

② "盘水"，至少有徒步涉水和静止之水二义，此处并无译释。

③ 此条法语与下一条释义意思相同，当一并对应于"飨"。

④ "调"字注音有疑，可比较他例（364 页右）。

（359页，右栏）

Puōn yún. l. ý（搬运，搬移）	changer de maison, changer（vp.换房子，搬地方）.
Puón hiám（半晌）	démi heure（np.半个钟头）.
Púon（判）	juger, resoudre, donner jugement（vt./vp.判断，判定，做决定）.
Xìn púon（审判）	sentencier, donner sentence（vt./vp.宣判，做出判决）.
Púon hièm（攀险）	s'exposer aux perils（vp.暴露于险境）.
Púon tîo mím（判夺命）	arracher la vie（vp.褫夺性命）.

Q

Quā（瓜）	toutes les costes de la courge（np.一切葫芦属的果实）
Hiām l. tieñ quā（香瓜，天瓜）①	melon（n.瓜）.
Sī quā（西瓜）	melon rond（np.圆形的瓜）.
Quā giñ（瓜仁）	graine de melon（np.瓜子）.
Quà tĕ（寡德）	de peu de vertu（pp.道德沦丧）.
Quà cúi（寡嘴）	égarement（n.精神错乱）.
Quá（挂）	suspendre（vt.悬挂）, tenir en l'air（vp.吊在空中）.
Quá nué（挂虐）②	veritable culte, honneur sincere, fine latrie（np.真正的信仰，由衷的敬意，敬拜上帝的大礼）.
P'i quá（披挂）	se revestir d'armes, s'armer（vp./vr.穿上战服，武装起来）.
Quă（刮）	resper③, racler, grater, frotter（vt.刮光，刮擦，搔挠，擦亮）.

---

① 天瓜，即栝楼，用为中药材；别名颇多，如药瓜、黄瓜（非蔬菜类黄瓜）、野苦瓜等。但 *tieñ*（天）有可能为 *tieñ*（甜）之误，即甜瓜。

② 指耶稣被挂在十字架上受虐。

③ 疑即 riper（用刀子等刮光）。

Hiŏ quaī（学乖）	apprendre les malices du monde pour son bien（vp.将世俗的恶习当作好处学来）.
Quài chàm（拐杖）	
Quái ý（怪异）	estranger（a.异国的、陌生的、奇怪的）.
Quái ngò（怪我）	se mettre en cholere contre moy（vp.对我生气）.
Qŭai（块，快）	une piece, un mourceau, un lopin（n.一件，一块，一片）, presse, precipitation, empressement（n.急迫，仓促，赶紧）.
Quān（关）	maison publique ou on porte les marchandises, & où on paye les tributs（np.属于公家的商行，人们经由那里运送货物并缴纳税款）.
Ki quam̄（鸡冠）	creste de coqc（np.鸡冠）.
Quān fañ（关防）①	se mettre en cholere（vp.生气）, se vanger（vr.报复）.②
Quam̄ yû（关羽）	Idole rubicond & vermeil（np.面孔血红或朱红的偶像）.
Quèi fŏ（归服）	s'assujetir（vr.屈服）.
Quèi tień（归田）	l'aisser ou quitter un office, retourner à sa maison（vp.离任或弃职，回到家中）.③

（360页，左栏）

Kiū quèi（矩轨）	une roüe de charete（np.[人力、畜力]车的轮子）.
Quéi chúm（贵重）	une charete riche & pretieuse（np.一车贵重物品）.
Xù quéi（嘱归）	present quand quelqu'un part（ap.与某人道别）.
Quĕi tă（亏他）	grand mercy à luy ou à elle（np.须感谢他或她）.

---

① 当属"关"的另一义。
② 盖指"冲冠"。
③ l'aisser 为 laisser 之误。

Chě qùēi（吃亏）	retenir le plus mauvais, reserver le pire（vp.忍受最不利的事情，吞下最糟糕的结果）.
Tiě qùēi（铁盔）	casque ou morion（n.头盔，或不带面盖的头盔）.
Hoéi qùēi（会魁）[1]	le I. des docteurs（np.众博士的第一名）.
Kim̄ qùēi（经魁）[2]	ou le I. de chaque *Xim̄*（np.每一"经"的第一名）.
Qùèn xùi（滚水）	de l'eau boüillante（np.沸腾的水）.
Qùèn pam̀（捆绑）[3]	lier, attacher, amarrer, ou anchrer（vt.捆扎，绑缚，系紧缆绳或铁锚）.
Yǎ qùèn（一捆）	un faix（n.一个包袱）.
Quam̄ qùèn（光棍）[4]	meschant, lasche, poltron, belistre, vilain, maraud, deshonette, matois & rusé. on s'en sert en espagne comme d'un mot de caresse（n.恶人，小人，胆小鬼，泼皮，无赖，坏蛋，无耻、狡猾、奸诈的汉子。西班牙人把这个词当作昵称使用）.
Pin̄ quà（贫寡）[5]	
Quò（裹）	lier en façon de faix（vp.捆成包袱）.
Lî quó（沥过）	coler des liqueurs（vp.把酒澄清）.
Quǒ tě（过得）	pouvoir passer（vp.过得去）.
Quǒ gě niên（过日年）	passer un an & un jour（vp.过一年、过一天）.
Quó（过）	les pechés（n.罪孽）.
Quó xě（过失）	moindres pechés（np.小错）.
Ch'im̄ quǒ（城郭）	la muraille & l'avant mur（np.城墙和外墙）.
Quōn fǎ（官法）	servir d'exemple（vp.当做典范）.

---

① 会试考五经，各经的头一名叫"会魁"。

② *Xim̄*为 *Kim̄*（经）之误。明清以五经取士，考得每一经的头名者便是"经魁"。

③ 可比较字目"绑"（357 页左）。

④ "棍"通"混"，"光棍"即"光混"，今北方话称"混混"。明清时，"光棍"与恶棍同义，《大清律例》多处言及"光棍"罪情，比照恶棍之例治罪。

⑤ 即贫弱，未见法文释义。

Ti'm̂ quōn（停棺）	avoir la caisse des mors à la maison（vp.把盛尸首的棺材放在家里）.
Quōn kieú（棺柩）	les caisses des morts（np.盛放尸首的棺材）.
Mùi quōn（美观）	belle à voir（ap.[女子]好看）.
Quoǹ hiên sú（管闲事）	prendre soin des choses oyseuses, c'est à dire s'empresser pour peu de chose（vp.操心无益之事，也即徒劳无功）.
Quoǹ pú chǒ lâi（管不着来）①	je ne peux pas estre soigneux. ny empressé.（s.我难以操心，也没有必要着急。）
Quón. l. quán（掼，灌）	jetter, verser, infuser, respendre（vt.抛扔，灌，注入，倒出），faire glisser dedans avec un entonnoir（vp.用漏斗往里灌）.
Quón`lh（罐儿）	Vaissau à deux enses dont on se sert pour mettre du vin（np.带有两耳的容器，用来盛酒）.

（360页，右栏）

Lái quón（赖惯）	menteur（n.说谎者）.
Quōn. l. quōm（宽）②	large, oiseux（a.宽裕的，闲散的），en repos（pp.休憩），spatieux（a.宽敞的）.

S

Să saṅ（杀散）	despouiller（vt.抢掠）.
Siaḿ sái（相赛）	il appartient à qui il faira mieux.（s.这取决于谁做得更好。）
Sāi（腮）	les joües enflées（np.鼓起的两颊）.
T'ǒ sāi（托腮）	appliquer la main au visage, appuyer sa teste avec sa main（vp.把手放在脸上，用手支撑脑袋）.
Să chùm（撒种）	semer（vt.播种）.
Saḿ（丧）	enterrement, sepulture（n.埋葬，安葬）.
Saḿ xiṅ（桑葚）	des meures（n.桑葚）.

---

① 似应分为两句，"管不着"和"管不来"。

② 两读均可。

Saṁ（磉）	pied d'estail（np.柱子的底部）.①
Chú saṁ（柱磉）	pied d'estail de colomne（np.圆柱的基石）.
Saṁ hû xú（珊瑚树）	du corail（n.珊瑚）.
Sàn（伞）	chapeau（n.帽子、罩子）.②
Sań（散）	un miroer（n.镜子）.③
Saō chéu（骚臭）	chose qui sent mal ou qui put（np.难闻或发臭的东西）.
Saō（骚）	odeur（n.臭味）, senteur d'une chose corrompuë（np.腐烂物的气味）.
Saò tí（扫地）	balayer（vt.扫地）, netoyer avec un balay（vp.用扫帚清扫）.
Saò chèu（扫帚）④	
Cañ sáo（干臊）	du suif（n.动物油脂）.
Sĕ yŏ（色欲）⑤	deshonestetés, vilainies, infamies（n.下流，卑劣，丑行）.
Liú sĕ（吝啬）⑥	avare, chiche（a.贪婪的，吝啬的）.
Sĕ muòn（塞满）	guinder. hauser（vt.竖起；抬高）, sans peur & intrepride（pp.毫不畏惧）. clore, estouper, boucher（vt.封闭，堵缝，阻塞）.⑦
Sĕ pí（塞闭）	clorre, estouper, boucher（vt.封闭，堵缝，阻塞）.
Seṁ gĕ（生日）⑧	jour malheureux, journée infortunée（np.不幸的一天，蒙难之日）.
Seṁ ý（生意）	marchand à moytié（np.半买半卖的商人[即做买卖]）.
Seṁ tĕ haò（生得好）	bien semblable（长得好）.

---

① estail，今拼 étai（支柱）；磉，木柱底部的石墩。
② 盖指伞状的帽子或盖子。
③ 疑为误植，不能对应。
④ 无对应释义，但词义已含于上一条。
⑤ 重复条目，见 346 页右。
⑥ *Liú* 为 *Liń*（吝）之误。
⑦ 后三个词才与词目对应，且与下一条重复，唯 clore 拼法略异。
⑧ 生日，一名母难日，故谓之不幸。

Seṁ chiṁ nên cái（生情能改）	ou change difficillement le naturel. de quoy estant une fois imbuë.（s.一旦彻底浸染，天性就难以改变。）①
Seṁ hiá（生下）	accoucher, anfenter（vt.分娩，生孩子）.
Piên seṁ（平生）②	toute la vie（np.一辈子）.
Seṁ miṁ（生命）	la vie（n.生命）.

（361页，左栏）

Seū chéu（馊臭）	senteur de ce qui est corrumpu（np.腐烂物的气味）.
Seū kień（搜见）	donner la queste（vp.搜索）.
Ně saṅ seṁ ˋLh kin.（十三省，二京）③	les 15 provinces de la Chine（np.中国的十五个省份）.
Seṁ chiṁ（省城）	la metropolitaine（n.大都市）.
Seṁ vên（省文）④	
Seṁ（省）	exprimer（vt.①挤榨 ②表达）.
Sì（洗）	laver, nettoyer, mondifier（vt.洗濯，清洁，洗净）.
Sì çào（洗澡）	laver ou netoyer le corps（vp.洗浴或清洁身子）.
Sí nún（细嫩）	subtil（a.精巧的），chose fine（np.纤细的东西）.
Çû sí（自喜）⑤	content, satisfait（a.称心的，满意的）.
Sí sū（细丝）⑥	argent fin（np.上好的银子）.
Siaṁ paṁ（相帮）	s'ayder, se secourir（vr.互助，互帮）.
P'i siaṁ（皮箱）	une caisse, ou un coffre（n.箱子，或旅行箱）.

---

① 须当一句话理解：一种习惯若浸染太深，便似乎成为天性，以至难以抛弃。起首的 ou 为 on（一个人、人们，不定代词）之误。
② 第一个字音当拼为 pi'ṁ。
③ Ně 为 Xě（十）之误。
④ 谓省略字词的表达方式，勉强对应于下一条法语释义。
⑤ 二字注音都有疑。
⑥ 古称纹银为细丝。

Quà siam̄（挂箱）	une boursette de cuir（np.小皮包）.
Siám mién（相面）	la phisionomie（n.相面）, tirer la phisionomie（vp.看面相）.
Siám pă（象拔）	la trompe de l'Elephant（np.象鼻子）.
Siāo p'î（硝皮）	amaigrir（vt.弄薄、削薄）, detremper en leau, mouiller fort. du salpetre ou nitre（vp.浸在水里，浸湿，用硝或硝石）.
Siào（小）①	
Siào tañ（小胆）	de peu d'esprit（pp.没胆气）.
Pú siáo（不孝）	degenerer de sa race, & de ses ayeuls（vp.辱没家门和祖宗）.
Siáo hóa（笑话）	parolles de raillerie（np.戏谑的言谈）.
C'ùi siáo（取笑）	dire quelque chose ou quelque drollerie pour rire（vp.讲一些有趣的事情或逗趣的话儿）.
Siê fã（邪法）	artifices diaboliques（np.邪魔的手法）.
Siê（斜）	tortu, courbé, incliné, contrefait（a.扭歪的，弯曲的，倾斜的，畸形的）.
Xă siē（那些）②	ceux-la（pron.那些）.
Chĕ siē（这些）	ceux-cy（pron.这些）.
Kieǹ siē（简些）	escrire en brief, court, & succintement（vp.写得简短、紧凑、练达）.
Siè chuên（枻船）③	c'est une certaine façon de barque parfaitte, qu'on nomme patache.（s.这是一种上乘的小艇，称为轻舟。）
Ça᷄m（舱）	la mesme chose（同上）.
Siè lì（协理）	resolution de choses importantes & graves（np.关于重大、要紧事情的决议）.

（361页，右栏）

Siĕ nú（息怒）	se deslivrer de toute sorte de chagrin, d'affaires

---

① 未见释义，或可能是 *Siáo*（笑）。
② *Xă* 为 *Nă*（那）之误。
③ 轻便的桨船，适用于内河短距离划行。"枻"（yì）字注音有误。

	& d'ennuy（vp.抛却一切忧伤、烦心事）.
Siĕ fum̄（息风）	pour appaiser le vent（vp.风声平息）.
Siĕ téû（锡头）	des joyeaux ou pierreries（n.珠宝或宝石）.
Siĕ pŏ（锡箔）	lames d'estain des Indes qui est plus pur que le nostre（np.印度产的锡箔，较欧洲所产的质地更纯）.
Siĕ lá（锡镴）	estain（n.锡）.
Siĕ（席）	toute sorte de couverture faire de jong, ou de genest ou natte（np.所有用灯芯草或藤编成的遮盖物，如席子）.
Lûm siên hiam̄（龙涎香）①	de l'ambre（n.龙涎香）.
Sień（线）	une ligne（n.一根线）.
Tiē sień（铁线）②	un filet de fer（np.一根铁丝）.
Pú chi sieū（不知羞）	n'avoir point de honte（vp.毫无廉耻）.
P'á sieū（怕羞）	avoir de la honte, & de la pudeur（vp.知耻，有廉耻心）.
Siéu çù（袖子）	manche d'habit（np.衣袖）.
Xam̀ sieú（上锈）	prendre la roüille（vp.生锈）.
Kiáo çim̀ t'ā lâi（叫醒他来）	esveillé（a.被唤醒的）.
Sim̀ ù（醒悟）	venir à bout de ses desseins（vp.看出某人的企图）.
T'î sim̀（提醒）	advertir un autre（vp.提醒别人）.
Sim̀ çum̀（幸宠）	affection（n.钟爱）. souffrence, douleur（n.痛苦，苦楚）.
Sim̀ çù（性子）	inclination naturelle（np.天生的倾向）.
Siñ sień（新鲜）	nouvelles, fresches ou recentes（a.新，新鲜，或新近的）.
Xĕ siń（失信）	rompre sa parolle, n'avoir point de foy（vp.食言，毫无信用）.
Siū téû（须头）	frenge, ruban dont les femmes entortillent les cheveux de leurs testes. ou bien encore un

---

① 前文已见此条（354页左），只不过"涎"字拼法小异。

② "铁"字注音有疑。

	diademe de soye（n.流苏，女人用来系扎头发的丝带；或指丝织的花冠）.
Puèn sim̀ chī hiám（本性之向）	inclination ou ce qui raporte fort ou qui vient du naturel（np.固有的倾向，或天生如此）.
Puèn sim̀ sò hiám（本性所向）	le mesme（同上）.
Ç'ú siú（次序）	l'ordre（n.次序）.
Lún siú（轮序）①	par ordre & par tour（pp.按次序和轮流）.
Sivēn（宣）	le Roy appelle quelqu'un.（s.君王召见某某。）
Sivĕ pĕ（雪白）	blanc comme nege（ap.如同雪一样白）.
Sivĕ lî（雪梨）	des poires（n.生梨）.

（362页，左栏）

Sivên（旋）	tourner ou virer, ou une natte faite en forme ronde（vt./vi.转圈或旋转，或指编成圆形的辫子）.
Sivèn（选）	choisir（vt.挑选）. faire choix（vp.做出选择）.
Sivén（镟）	travailler au tour（vp.用镟床加工）.②
Sivén ciam̂（镟匠）③	tourneur（n.镟工）.
Sivên lô（巡逻）	aller la nuit avec grand peine pour dresser des ambuches（vp.夜间出行并精心布设陷阱）.
Kiáo sō（教唆）	inciter, solliciter（vt.唆使，促动），pousser au mal（vp.使人做坏事）.
Sō kiùèn（唆犬）	agacer les chiens（vp.逗弄狗）.
Sò（锁）	serrure（n.锁具），fermer à clef（vp.锁上）.
Yuĕ sŏ（月朔）	le 1. de la lune（np.阴历每月的第一天）.

---

① *Lún* 为 *Lûn*（轮）之误。
② tour，镟（旋）床，一种用于加工木器的脚踏器械，并非今天说的车床。
③ "匠"字调符有疑。镟匠，似指细木工，法文释义便由此来。但明代所谓"镟匠"，又戏指卑微的杂役太监，盖因其日日背菜筐、扛杂物，往还于街市与宫廷之间而得名。

Ceù sŏ（走索）①	
Sŏ çù（索子）	corde（n.绳索）.
Sŏ（宿）	loger à l'hostelerie（vp.住小旅店）.
Sŏ cie'ń（宿钱）	argent d'hostelerie（np.住宿钱）.
Sŏ（束）	chose qui se cuillit comme tout ce qui est sec（np.可以集扎起来的干燥的东西）.
Sū hô yeû（苏合油）②	
Sū hoām（丝簧）	les afiquets des femmes（np.女人衣服上的饰物）.
Sū sū mièn（思，思恂，丝绵）	se soucier, se chagriner（vr.挂虑，忧伤），soigner（vt.关心），penser（vi.思忖）. soye particuliere（np.一种特殊的蚕丝）.
Sū sień（丝线）	ligne de soye（np.丝线）.
Sū hiá（私下）	en secret（pp.暗中）.
Sū tí（私缔）	condisciple（n.同窗、学友）.
Kiñ sū（金丝）	or tyré. filets d'or（np.拉出的金线；金丝）.
Sù（述，数）	conter（vt.讲述），nombrer（vt.计数）.
Sù sim（使性）	brisé, broyé, mis en poudre（a.被打碎的，被碾碎的，磨成粉的），obstination, oppiniastreté（n.顽固，偏执）.③
Sù（史）	un historien, ou historiografe（n.史家，或撰写史书者）.
Sù tā pú tě（使他不得）	je ne le puis pas envoyer.（s.我不能派他去。）
Sú（数）	nombres（n.数字）.
Sú siam（塑像）	des statuës de metail（np.金属雕像）.
Sú ti（素的）	sans ornement（pp.不加装饰）.
Sú（士）	homme de lettres（np.文人），docte. sçavant（n.博士，有学问的人）.

---

① 未见法文释义，据注音可如此还原。现代杂技之一的走钢丝，古称"绳技"，民间谓之"走索"。

② 即苏合香，缺释义。

③ 前三项疑为误植，当对应于"碎"。

Sú pìm（柿饼）	figues flestries ou passées（np.干的或陈年的无花果）．
Sù ch'iñ（使臣）	Ambassadeur（n.大使）．
Kim̀ sú（觐祀）	un Present de Roy ou Royal（np.君王或王室的礼物）．

（362页，右栏）

Siám̄ sú（相似，像似）①	ressembler（vt.相像）．avoir beaucoup de raport（vp.大有关联）．
Sùi cǒ sùi（髓，骨髓）	la moesle des os（np.骨髓）．
Nái sùi（脑髓）②	la cervelle（n.脑髓）．
Sūm kì gě（松几日）	donner de temps, encore quelques jours（vp.给点时间，再过几天）．
Súi ch'ā（岁差）	les approches des equinoxes que l'on appelle en Astrologie processio Equinoctiorum（np.分点的移近，在天文学上称为岁差）．
Sò súi（琐碎）③	folie（n.疯癫、蠢话），muet（a./n.哑、哑巴）．④
C'iě súi（切碎）	couper menu（vp.切得细碎）．
Sō sùm（唆怂）	inciter, irriter, agacer（vt.挑唆，激怒，挑逗）．
Sùm tuḿ（松动，耸动）	mouvoir（vt.移动）．affectionner（vt.动情、热爱）．
Sum̀ hóai（损坏）	se porter prejudice ou domage（vp.损害或造成损失），se nuire, s'offencer ou damner（vr.自相侵害，受辱或自害）．

---

① 这一例字音带两个调符：一为 Siam̄（相，阴平），一为 Siám（像，去声）。类似的处理法频见于《官话词汇》。
② Nái 为 Nào（脑）之误。
③ 指唠叨、数落。
④ 后一项释义似乎是作为反义给出的，否则无从落实。

Teú sù（斗榫）①	fermer des tables ou des aix ou du bois（vp.把铺板、木板或木头合拢）.
Chŏ sùn（竹笋）	le tronc ou la tige du roseau（np.芦苇的枝干或茎秆）.
Xiñ kiŏ suōn（身脚痠）	avoir douleur aux pieds, estre las & fatigué（vp.两脚痠痛，疲倦乏力）.
Suōn（痠，酸）	aigre, aspre, verd comme du fruit qui n'est pas meur（a.酸，涩，如水果那样青绿未熟）.
Suón（算）	conter（vt.计算）.
Suón teú（蒜头）	teste d'ail（np.大蒜的头部）.
Suón tiaô（蒜条）	la queuë de l'ail（np.大蒜的尾部）.

Ta

Tà cién（打尖）	aller à la bouline（vp.切风行驶）.
Tà paō（打包）	faire les paquets（vp.捆扎包裹），empaqueter, foncer（vt.打包，以便赶路）.
Tà fã（打发）	despecher, diligenter（vt.派遣，催促），faire viste（vp.赶紧动手）.
Tō fã（多发）②	qu'il est grand（np.众多、大量、规模巨大）.
Tuṁ tă（通达）	penetrer（vt.深入）.
T'á giñ（他人）	les uns & les autres（np.一些人和另一些人）.
T'ă（踏）③	au Coeur（pp.在心里）.
T'ă fuṁ（搨缝）	boucher les fentes & les trous（堵上缝隙和洞眼）.
Chuên tái（传代）	pour les generations（pp.世世代代）.
Liĕ tái（历代）	le mesme（同上）
Tái gĕ : tái leàm（待热，待凉）	d'un naturel froid ou chaud（pp.自然的冷或热）.

---

① "榫"字脱韵尾，当为 *sùn*。成语"斗榫合缝"，谓匠人手艺高超，使得榫头和卯眼正相吻合。

② *Tō*，疑为 *Tá*（大）之误。

③ 疑脱"实"字。

Tái ch'â: môn（待茶，□）①	traitter ou converser avec Ch'â（用茶款待，或边喝茶边谈话）.

（363页，左栏）

Tái lâo（待劳，代劳）	nos travaux succedent mal.（s.我们的工作尚不成功。）
Keù tái（口袋）	sac（n.口袋）.
Tái çù（带子）	une ligature, une ruban. un lien ou tout ce qui sert à lier, à attacher, & à bander（n.细绳，丝带；绳索，或指一切用来捆缚、绑紧、结扎的东西）.
Tái pŏ : heú（待薄，待厚）	traitter mal. bien（vp.薄待；厚待）.
Hí taî（戏台）	theatre（n.戏院）.
Taî（台）	autel（n.祭坛）. une tour, chose haute, & eslevée（n.塔，或其他高大、伟岸的东西）.
Taī（胎）	le ventre（n.肚腹、母腹）.
Yèu taī（有胎）	estre grosse, ou enceinte（vp.大肚子，即怀孕）.
Tam̄ çō（当初）	le commencement（n.开端）.
Cāi tam̄（该当）	chose deuë, chose d'obligation, & de devoir（np.该做的事情，义务，责任）.
Tām（当）	au lieu d'autre chose à la place, ou bien en compensation（pp.代替某个东西，或作为其补偿）.
Pú càn tam̄（不敢当）	je ne puis pas avec tant.（s.这个我无能为力。）
Tam̄ pú kì（当不起）	je n'ose pas, je n'ay pas le coeur n'y le courage.（s.我不敢，我既没有热情也没有勇气。）
Taḿ p̔ú（当铺）	boutique de celuy qui préte ayant des gages（np.以抵押的方式贷给钱款的店家）.
Taḿ teû（当头）	crediteur ou qui préte ayant des gages（n.债主，即凭抵押之物贷给钱款者）.

---

① môn，可能是"闷"，闷茶，将茶泡上片刻；也可能是"扣"，扣茶，持盅品味，就茶谈天。

Tam̀（当）	donner à celuy qui préte avec gage（vp.把东西抵押给放款者）.
Xuě tě tam̀（说得当）	chose bien dite（np.某事言之妥当）.
Veǹ tam̀（稳当）	chose assurée（np.某事有保障）.
Tǎm̀ ñi（搪匿）	barrer, crouster ou couvrir quelque chose d'une autre（vp.阻挡、私吞或掩藏别人的东西）.
Tǎm̀ piě（搪壁）	blanchir les murailles（vp.把墙涂成白色）.
Xim̀ tǎm̀ : só tǎm̀（升堂，肃堂）	donner audience, estre attentif（vp.当众审理，全体肃静）.
Tǎm̄（汤）	du boüillon（n.肉汤或菜汤）.
Tǎm̄ kī（烫鸡）	plumer des poules（vp.拔鸡毛）.
Tan : xoām（单，双）①	simplicité, sincerité（n.简单，纯朴）.
Liēn tān（炼丹）	alchemie（n.炼金术）.
Taǹ tá（胆大）	grand courage（np.很大勇气）.
Vû taǹ（无胆）	craintif, lasche, poltron, coyon②, coüard（a.胆怯的，马虎的，懦弱的，胆小的）.
Yèu taǹ kí（有胆气）	courageux, genereux, hardy（a.勇敢的，豪迈的，大胆的）.

（363页，右栏）

Vù tán kí（无胆气）③	il est craintif, lasche, poltron, sans coeur.（s.此人胆怯、马虎、懦弱、冷酷无情。）
Lem̀ taǹ（冷淡）	frilleux（a.怕冷的、谨小慎微的）. estre trompeur & broüillon（vp.会骗人，不认真）.
Xéu taǹ（寿诞）	jour de la naissance（np.出生的日子）.
Taǹ（淡）	insipide（a.乏味的），sans gout（pp.没有味道），point salé（ap.不够咸）.
T'ù tǎǹ（吐痰）	vomir de flegmes, rendre la pituite（vp.咳出黏痰，吐痰）.
Tǎǹ kiǹ（弹琴）	jouer du manicordium（vp.弹[西洋]琴）.

---

① "双"字未见释义。
② 义不明。
③ 前两个字音的调符有误，可参对先此的一条"无胆"。

	vaisseau de terre à deux enses où on tient du vin（一种用来盛酒的双耳陶罐）.①
Tańn（坛，潭）	cours, ou courant de leau（n.水道，或水流）.
Tańn siĕ : h'i（叹息，息）②	soupirer（vi.叹息）.
Tańn tuḿ（探听）③	regarder à travers des jalousies escoutant, & voyant（vp.透过百叶窗窥探和偷听）.
Chí tāo（窒刀）	couteau envenimé（np.有毒的刀）.
Yĕ tāo chì（一刀纸）	une main de papier（np.一刀纸）.
Xam̀ yĕ tāi（赏一刀）④	donner une estafilade avec un couteau（vp.用刀砍伤）.
Xúi tào（睡倒）	se coucher（vr.睡觉）.
Yún tào hoă taò（晕倒，运倒；滑倒）	tomber en dessailance, mourir（vp.摔倒后晕厥，死亡）. s'escrouler, choir petit à petit（vr./vp.坍塌，逐渐坠落），se retirer doucement, se diminuer, dechoir（vp./vr.悄声隐退，地位下降，失势）.
Tào xùi（倒水）	verser leau（vp.倒水）.
Tào siĕ（倒泻）	tonner（vi.轰响）[,] faire bruit（vp.发出嘈杂声），parler d'un ton fier & arrogant（vp.用傲慢自得的口气说话）.
Táo haò（倒好）	plus avant il y a bonne（adp.远不够好）.
Cûm táo（公道）	justice & æquité（np.正义和平等）.
Táo tì（到底）	finalement, enfin（ad.最终，终于）.
Taô ceù leào（逃走了）	fuir（vi.逃跑），se mettre en lieu de seureté（vp.去往安全之处）.
Tào（讨）	chercher, demander（vt.寻觅，索要）.
Tào jâo（讨饶）	demander pardon（vp.请求宽恕）.
Taó`lh（套儿）	bain（n.澡盆），bourse（n.钱袋），compli-

---

① 当对应于下一字目"坛"。
② h'i，"息"字的又读。
③ tuḿ 为 t'iḿ（听）之误。
④ tāi 为 tāo 之误。

	ment（n.恭维）。①
Fum̄ tái（封袋）	porte lettres, poche ou sac où on met les lettres（np.信袋，装信的封套或布袋）。
T'ě lâi fum̄ pái（特来奉拜）	à dessein, avec deliberation（pp.特意，为慎重起见[前往拜访]）。

（364页，左栏）

Tě tō : quó（得多，过）	beaucoup plus qu'il ne faut（adp.大大多于所需），superflus（n.多余的东西）。
Tem̄ cāo（登高）	monter en haut（vp.攀上高处）。
Tem̀ çǹ（戥子）②	
Pú tem̀（不等）	ce n'est pas le mesme.（s.这并不一样。）
Chim̀ tem̀（正凳）	banc pour dormir（np.睡觉用的长椅）。
Kiǒ tem̀（脚凳）	marche pied, petit banc qu'on met au dessus des pieds（np.脚踏，即搁脚的小凳子）。
Tém̂（疼）	se pleindre（vr.呻吟），souffrir（vi.患病）. roüe（a.遭痛打的）。
Teù（陡）	moytié（n.山半腰），le panchant d'une montagne ou un lieu glissant（np.一座山的斜坡，或陡而滑的地方）。
Teù tàn（斗胆）	hardy, audacieux, themeraire, resolu, determiné（a.大胆的，放肆的，冒失的，果敢的，坚决的）。
Yǒ teù（熨斗）	les instruments d'un couturier ou d'un tailleur（np.成衣匠或裁缝使用的工具）。
Cem̄ teú（争斗）	disputer（vt.辩论），estre en grigne, & en noyse（vp.不和，争吵）。
Teú tuón（读断）	lire ce qu'on a marqué ou ordonné（vp.阅读一段做了标记或已理顺的文字）。

---

① 钱袋一义，相当于下一条"封袋"。所谓恭维，即套语、客套话。至于 bain（澡盆、浴缸、洗澡水），释义者想到的可能是其转义的用法，如 mettre qn dans le bain（字面义：将某人抛进浴缸，转指拖人下水），即给人下套。

② 缺释义，*çǹ* 为 *çù*（子）之误。

Téû tiĕ（投帖）	laisser Tiĕ（vp.留下名"帖"）．
Téû hò. cim̀（投壑，尽）①	precipiter dans un abime（vp.跳下深渊）．
Teū tūm（斗洞）	un esgoust ou gouttiere（n.下水道或檐沟）．
Teń iû（藤鱼）②	cuissin ou chevet pour mettre au de sous de la teste（np.放在头下的垫子或枕头）．
Çó te'û（做头）	estre le principal, & le chef（vp.成为首领，当头目）．
Teù leân（兜凉）	prendre le frais（vp.纳凉）．
Téu（透）	penetrer（vt.透入）．
Ciǹ téu（浸透）	imbu d'eau（ap.被水浸透）．
Téu cŏ（透骨）	penetrer ou percer jusques aux os（vp.穿透或刺透，深及骨头）．
Teù tī（陡堤）	les rivages ou bords de la riviere（np.河岸或河边）．
Hò tī（河堤）③	que vous disiés? amas, monceau.（s.您说什么？[我有]一大堆，相当多。）④
Ti tĕ nì tō: ti（抵得你多，抵）	je souffre beaucoup.（s.我好累、我真苦。）⑤
Pú tĕ leào（不得了）	je ne puis plus.（s.我再也受不了了。）
Tí paò（递保）	bailler assurance, estre caution（vp.担保，做保人）．
Tí sum̀（递送）	present, de main en main（vp.亲手呈送）．
T'î hiaŏ（提学）	nom de Mandarin, president des Estats（np.官名，各省的长官）．
T'î lim（提铃）	signal pour sortir de l'audience（np.准备退堂的信号）．

（364页，右栏）

T'î mŏ（题目）	donner le theme（vp.出题目）．

---

① "尽"，自尽。cim̀ 或为 cim̀（井）之误。
② 藤编的鱼形枕头。
③ 与"陡堤"并列，对应于上一条释义。
④ 这条释义针对的是下一短语词目"抵得你多"（至少跟你一样多）。
⑤ 这一句也须下挪一行，对应于"不得了"。

T'ī çì（梯子）	degré, scalier, ou eschelle（n.梯级，阶梯，梯子）.
T'ī tém（梯磴）	les marches ou degrés（n.踏板或梯级）.
Him̂ t'ì（形体）	corporel（a.有形的、肉体的 n.实体）.
Vû him̂ chī t'ì（无形之体）	incorporel（a.无形的 n.非实体）.
Tiaō kĕ（雕刻）	entailler, tailler, graver（vt.切割，砍削，刻凿）.
Tiáo yû（钓鱼）	pescher（vt./vi.捕鱼、钓鱼）.
Tiáo yèn sĕ（掉颜色）①	oster la couleur ou le prix aux choses, les noircir & les rendre autres qu'elles ne sont（vp.除掉某物的颜色，或使某物掉价，抹黑或歪曲事实）.
Tiáô sù（调使）	mouvoir par force（vp.用力挪移）.
Tiáô lì（调理）	avoir une Ville assurée pour la vie & la santé（vp.使一座城镇适合生活、有益健康）.
Tiáô hô（调和）	accorder un instrument（vp.调准乐器）.
Tiĕ tào（跌倒）	tomber à terre（vp.摔倒在地）.
Tiĕ yĕ kiāo（跌一跤）	tomber（vi.摔倒）.
Tiĕn ćiñ cù（嫡亲子）②	parent ou fils legitime（np.法定的父母或子嗣）.
Tiĕň chiñ（铁砧）③	un estoc, ou enclume（n.剑尖④，铁砧）.
T'iĕ lién（铁链）	une chaisne de fer（np.铁链条）.
T'iĕ chuî（铁锤）	un marteau（n.锤子）.
T'iĕ chì kiă（剔指甲）	netoyer les ongles（vp.清洗指甲）.
T'iĕ yâ chì（剔牙齿）	netoyer les dents（vp.清洁牙齿）.
Tiĕ ȳ fŏ（叠衣服）	doubler les habits（vp.折叠衣服）.
Tiĕ tiĕ（滴滴）	goutte à goutte（np.一滴一滴）.
Siām tiĕ（相敌）⑤	un poste de guerre（np.哨所）.

---

① 或"调颜色"，调包的"调"，即以次充好。
② *Tiĕn* 为 *Tiĕ*（嫡）之误。
③ *Tiĕň* 为 *T'iĕ*（铁）之误。
④ *chiñ* 亦可写为"针"，或因此而理解为尖状物。
⑤ "相"作观察解，当为去声。

Yĕ tiĕ caō gŏ（一贴膏药）	un papier qui sert d'emplastre, & de remede（np.一张带膏剂的纸，用为药物）.
Tièn téû（点头）	faire signe de la teste（vp.用头部动作示意）.
Cí tien̗（祭奠）	sacrifier aux morts（vp.祭奠死者）.
Çám̄ tien̄（苍天）	Ciel materiel（np.有形的天空）.①
Tien̗ fán（添饭）②	cueillir des raisins（vp.摘葡萄）.
Tŏ ceù（脱走）	s'enfuir, se mettre en lieu de seureté（vr.逃走，以置身安全之地）.
Tù pò（赌博）③	joüeur（n.赌徒）.
Tò pí（躲避）	se retirer. s'en aller, s'esgarer, se desbaucher, se destourner, s'esloigner（vr.退隐，离开，迷路，离职，避开，远离）.
Tó（剁）	couper menu（vp.切碎）.
Tò t'iĕ（妥帖）	chose ferme & assurée（np.已办妥的、有把握的事情）. bien traittée & bien negotiée（ap.协调妥善，处理得当）.
L̗h tò（耳朵）	oreille（n.耳朵）.
Tò çù（垛子）	les crenaux des murailles（np.城墙的雉堞）.
Tó：lán tó（惰，懒惰）	paresseux（a.懒惰的）.
Nâ tó yâo tó（拿舵，摇舵）	gouverner le manche du gouvernal, ou le gouvernail mesme（vp.握住舵把，即把舵）.
	（365页，左栏）
T'ô（驮，砣）	harge④（n.负载）. charrier（vt.用大车运送）. charger des animaux（vp.用牲畜载运）. pois d'horologe（np.大时钟的摆）.
T'ô tái（托胎）	enceinte, grosse（a.怀孕的，肚子大）.
T'ó pái（驼背）⑤	courbé, bossu, vouté（a.弯曲的，佝偻的，曲

---

① 重复词目（见 325 页右）。
② 与释义无关，或另有写法。
③ pò 为 pŏ（博）之误。
④ 疑脱首字母，即 charge（负荷、载货）。
⑤ 二字的注音都有疑。

	背的).
T'ō（拖）	pousser, arrester par la main（vp.用手推、拉）.
T'ŏ çù（秃子）	teigneux（a.生头癣的）. chauve（n.癞痢头；秃顶）.
T'ŏ（托）	s'appuyer, se soustenir（vr.依靠, 维持）.
T'ŏ lâi : t'ŏ pí（托赖, 托庇）	le mesme. ou s'approcher（同上；或指靠近）.
Tú : ki : ngŏ（肚, 饥, 饿）	avoir fain, estre affamé（vp.饥饿, 挨饿）. le ventre, ou les entrailles（n.肚子, 或肚肠）.
Çié tú（泻肚）	dissenterie（n.痢疾）.
Liĕ tú : tu k'í（嫉妒, 妒气）①	envier（vt.羡慕）, porter envie（np.心怀嫉妒）.
Tí tû（地图）	carte de Cosmographie（np.宇宙图）.
T'û tí（徒弟）	disciple（n.弟子、门徒）.
T'ù çân（吐馋）	cracher（vi.吐口水）.
Çấn tú（馋唾）②	craschat, salive（n.口水, 唾液）.
T'ù（吐）	vomir（vt.吐、呕吐）, rendre gorge（vp.吐出、退赃）.

V

Ú cūm（蜈蚣）	semptope[,] c'est un animal（n.百脚, 是一种动物）.③
Sim̀ ú çim̀ mú（醒悟, 醒目）④	s'esveiller（vr.警醒）, connoistre l'erreur（vp.知错）.
Ú leaò sú（误了事）	retenir, ou perdre（vt.扣除, 或失去）.
Yén uà（砚瓦）⑤	une pierre de cornet ou d'escritoire（np.一种

---

① *Liĕ* 为 *Kiĕ*（嫉）之误。

② "馋唾（水）"系吴方言词。

③ semptope, 疑为误拼, 比较拉丁语 centipeda（百足虫, 蜈蚣）。

④ *çim̀*, "醒"字的又读, 可比较"叫醒"（361 页右）。"醒目", 本义为睁眼不睡, 如宋人梅尧臣诗《永叔赠酒》："一夕复一夕, 醒目常不眠。"

⑤ 取瓦为砚, 是为砚瓦, 也作砚台的通称。

	角石或文具匣）.
Và poéi（瓦背）	le toit ou le sommet（n.屋顶）.
Vāi（歪）	tortu（a.歪斜的）, chose tortüe（np.遭歪曲的事情）.
Vă（挖）	tailler, graver, entailler（vt.砍削，雕刻，切割）.
Fuēn vái（分外）	il donne plus qu'il ne pretend.（s.这比想象的要多得多。）
Vái seḿ（外甥）	un cousin（n.堂表兄弟）.
Liḿ vái（另外）	apres cella, tout estant fait（pp.除此，既然如此）.
Huâm xám（皇上）	le Roy（n.君王）.
Tám vân（当玩）	par raillerie（pp.当做开玩笑）.
Vañ cūm（弯弓，弯拱）	bander l'arc（vp.拉弓）. tordu, tortu, courbé（a.弯曲的，歪斜的，驼背的）.
Vàn fù : mù（万弗，万毋）①	dans pas une occasion, dans aucun rencontre（pp.任何场合，任何情况下都不）.
Ciéñ ván（千万）	en tout le monde, en tout rencontre（pp.无论到哪里，任何情况下）.

（365页，右栏）

Fuḿ vên lì（通文理）②	sçavoir escrire, tiltre③, composer（vp.会写作，善作诗文）.
Vên lì（文理）	composition（n.作文）.
Vên（闻，纹）	oüir（vt.听、听闻）. les vaines des mains, bois, pierre, feüilles, &c.（np.手、木、石、叶等等的纹理）.
Vên ngān（稳安）	ferme, reposé, delassé（a.稳固的，安谧的，放松的）.
Vèn taḿ（稳当）	le mesme（同上）.

---

① "毋"似误读为"母"音。
② *Fuḿ* 为 *Tuḿ*（通）之误。
③ 此词义不明。

Vén luén（紊乱）	gouvernement, dissipé, troublé, & qui est tout dans le desordre（a.涣散的，混乱的，尤指政务管理杂乱无章）.
Vén ngān（问安）	demander la vie（vp.询问起居）.
Xín uén（审问）	s'enquerir, s'informer juridiquement de quelque chose.（vr./vp.查问，照法律程序询问某事）.
Uen çúi（问罪）	sentencier, condamner quelqu'un（vt.判刑，谴责某人）.
Ciaḿ úi lú（蔷薇露）	de l'eau de la rosée（np.玫瑰水）.

X

Xā cō（砂锅）	une chaudiere de terre（np.一种陶土制的锅）.
Xā leú（沙漏）	horologe de Terre ou d'argile（np.泥土制或陶土制的钟）.
Hě xǎ giñ（吓煞人）	faire mourir de peur（vp.把人吓死）.
Xǎ xî（霎时）	tout à l'instant, tout à l'heure（pp.瞬间，立即）.
Xái cañ（晒干）	s'essuyer au soleil（vp.靠太阳晒干）.
Xāi（筛）	cribler, passer de la farine（vt.过筛，去掉麸皮）.
Xāi çù（筛子）	un crible（n.筛子）.
Xam̄ giñ siń（伤人心）	irriter, fascher quelqu'un（vt.激怒，使人生气）.
C'ŏ xam̄（哭伤）	on le dit donnant de la tristesse.（s.某人伤心地哭诉。）
Xam̄ çùn（伤损）	faire du tort ou du dommage（vp.伤害或破坏）.
Hiaḿ xaḿ（向上）	estre merveilleusement haut, imiter la vertu（vp.极为高上，向往善德）.
Hiaḿ fŏ（向佛） *Tō pái xaḿ*（多拜上）	plusieurs recommandations, loüanges, commissions, injonction &c.（np.[佛门的]种种劝嘱、赞颂、许托、禁戒，等等）.
Yeû xaḿ（游山）	aller par les montagnes en se rejoüissant（vp.

	去山里游玩）.
Xaō lién（烧炼）	faire l'alchemie（vp.从事炼丹）.
Xē（赊）	bailler à credit（vp.赊给、贷予）.
Xē yuḿ（奢用）①	despenser, gaster, ou consommer beaucoup（vt.花费，滥用，即大量耗费）.

（366页，左栏）

Xē huâ（奢华）	despensier ou prodigue（n.胡乱花钱的人，或浪子）.
Xě yeú mièn（赦，宥，免）②	pardonner les pechés（vp.宽恕罪行）.
Xě kě（食格）③	diversité de viandes & de mots（np.各式各样的菜肴和闲谈）.
Xě kiǒ（失脚）	disloquer un pied（vp.一脚踏偏）.
Xě k'í（湿气）	humilité（n.潮湿）④.
Kě xě（格式）	la façon de faire les choses（np.做事情的方式）.
Xě puèn（蚀本）	pardonner le capital ou principal（vp.损失资本或本金）.⑤
Xēu kień（收监）	mettre en prison（vp.关进监狱），enprisonner（vt.监禁）.
Xeū çûm（收丛）	recueïllir, garder, amasser（vt.收集，储存，积累）.
Xeù tuón（手段）	habilité des mains[,] un homme qui fait ce qu'il veut de ses mains（np.手法高明，如一个为达到目的而不惜采用任何手段的人）.
Fí xeù（费手）	despence, coust, employ, frais, perte, domage, prodigalité（n.花费，费用，用法，开支，亏损，损失，挥霍）.
Xeù cūm（手工）	oeuvre, action, ouvrage. operation（n.作品，

---

① 第二个字音的调符有误，可比较字音 J 下的 *Yúm*（用）。
② 赦宥、宥免、赦免，都可成词，意思无大区别。
③ 重复词目（见 348 页左），这里的释义有发挥。
④ humilité（谦逊）系笔误，当作 humidité（潮湿）。
⑤ pardonner（原谅）当为 perdre（失去）之误。见字音 Pa 下的 *Xě puèn*（蚀本）（359 页左）。

	行为，产品；工序）.
K'î xèu çó（器手作）①	mousquetaire ou tout homme qui tire ou qui se sert des armes à feu（n.火枪手，或泛指点火绳、司火器者）.
Chǔm xeù（铳手）	celuy qui porte une pertuisane（np.持阔头枪的士兵）.②
Yǒ xî（钥匙）	la clef（n.钥匙）.
Ch'â xî（茶时）	cueillir du Ch'â（vp.采"茶"）.
Chǒ xî（着时）	à la bonne heure[,] à bon temps（pp.恰到时候，乘好时机）.
Nǎ xî heú（那时候）	dans ce temps, pour-lors（pp.在那时，当时）.
Xí tim̀（试定）	proposer（vt.提议）.
Xí tan̄（试探）	esprouver, tenter, essayer（vt.检验，试图，尝试）.
Hiam̀ xí（乡试）	examen de xiù giñ（np.选拔"举人"的考试）.③
Hoéi xí（会试）	l'examen des docteurs（np.选拔博士的考试）.
Teū xaō（兜梢）④	courir（vi.跑动），envahir（vt.侵扰），faire violence avec coeur & courage（vp.恣意强暴）.
Xim̂ çù（绳子）	corde（n.绳索）.
Mim̂ xim̄（名声）	renommée, reputation, gloire, bruit（n.声誉，名望，荣耀，传闻），estre fort connu, & fort estimé（vp.广为人知，且极受尊敬）.

（366页，右栏）

Tiáo xim̀（吊神）	invoquer les esprits & les demons（vp.祈神祭鬼）.
Xìn châ（审查）	examiner, s'informer, s'enquerir（vt./vr.检

---

① 即手工作坊，当为上一条"手工"的延伸词目，而法文释义对应的是下一条"铳手"。
② 这条释义并无对应的汉语词目。
③ xiù 为 kiù（举）之误，参见 C'ō kiù（科举）（336页左）。
④ 即四处盯人骚扰。

查，查问，调查）。

Xiǹ vén（审问）①   faire un procés juridique & selon les formes du droit（vp.根据法律条例举行诉讼）。

Xiǹ p'ùon（审判）②   sententier ou donner sentence（vp.宣判或判决）。

Xiǹ xín（审慎）   estre attentif, tromperie, cautele, ruse, fourberie（vp.当心受骗、诡诈、滑头、欺诈）。

Xiǹ teǹ（胜疼）   souffrir & endurer beaucoup（vp.吃苦并忍受）。

Xǒ tái（束带）   ceinture des Mandarins（np.官员的腰带）。③

Lień xǒ（练束）④   meslange, moitié（n.混合，一半）。

Xū c̓ai（舒开）   estendre en ouvrant（vp.打开并铺展开来）。

Xū xeù（书手）
Xū paǹ（书办）⑤   escrivain, qui escrit（n.司书、书记员，即书写记事者）。

Xū piāo（书标）   titre de livre（np.书的标题）。

Xū c̓ô（书壳）   couverture de livre（np.书的外壳）。

Tiḿ xū（钉书）   enchaisner（vt.装订书籍）。

Xū（输）   perdre au jeu & à la guerre（vp.在游戏和打仗时落败）。

Xū cháḿ（舒畅）   estre gay, sain, & joyeux（vp.过得快活，身体健康，开开心心）。

Xū kiǒ（书格）⑥   pulpitre ou armoire pour mettre les livres（np.放书的搁架或橱柜）。

Xū quéi（书柜）   un armoire（n.衣柜、书橱）。

Xú mieǹ（恕免）   pardonner, faire grace（vt./vp.原谅，宽恕）。

Xú c̓ù（庶子）   fils naturel, bastard（np./n.私生子、杂种）。

---

① 重复词目，见365页右，两处释义都强调是法律用语。
② "判"字调符有误。这又是重复的词目，释义相同（见359页右）。
③ 此为后起义。原本上至君王下到士绅，服装都以配备束带为庄重正式，故"束带"又用作动词，指会客或出行前整肃衣装。
④ "束带"的延伸词目，即练带，用白色丝绢织成的束带。唐代张籍有《采莲曲》，形容采莲女子"白练束腰袖半卷"。右侧释义费解。
⑤ 明清时供职于地方官府的吏员，负责拟稿、誊写等。
⑥ kiǒ 为 kǒ（搁）之误。

汉法词典　153

Xú mù（庶母）	concubine du pere（np.父亲的妾）.
Xúā çù（欻子）①	arquebuse ou fusil pour tirer aux grues（n.火绳枪，或猎鹤用的火枪）.
Xuā xū（刷书）	imprimer des livres（vp.印刷书籍）.
Xuām（霜）	geslée, glace（n.严寒，冰）.
Cu xuām（孤孀）	
Quà fù（寡妇）	vefve（n.寡妇）.
Muén xuām（门闩）	une barre de porte（np.门上的杠条）.
Xuām muên（闩门）	la mesme chose（np.同一样东西）.②
Xuě hǒ（说和）	pacifier, appaiser, apporter la paix（vt./vp.和解，安抚，带来和平）.
Quà xeù（寡水）③	
Pǒ xeù（白水）	eau naturelle（np.天然水）

（367页，左栏）

Xùi xiǒ（水脚）④	le fret du vaissau & de l'embarquement（np.船钱和运资）.
Xuì koū（水沟）	un aqueduc ou conduit d'eau（n.水沟，或排水管）.
Chǎi xùi（海水）⑤	la mer（n.海）.
Xùi cim̌（水晶）⑥	christal（n.水晶）.
Xúi fói（税赋）⑦	les droits（n.税金）.
Xúi ciêń（税钱）	payer les droits（vp.支付税款）.
Xuñ（纯）⑧	pur & sans meslange（ap.纯洁而不杂）.
Xeú xún（受顺）⑨	homme doux（np.性情温柔的人）.

---

① 可能是方言的摹声词。
② 一名一动，并不一样。
③ "寡水"谓淡水，无味之水。两例 *xeù* 均为 *xùi*（水）之误。
④ *xiǒ* 为 *kiǒ*（脚）之误。"水脚"，方言词，一指水涬，一指水运资费。
⑤ *Chǎi* 为 *Hài* 之误，见 *Hài*（海）（341页左）。
⑥ *cim̌* 当为 *cim̌*。
⑦ *fói*，在字音 *Fû* 底下拼为 *Fú*，其义之一为"赋"，见340页左。
⑧ 可比较《官话词汇》（pp.33, 46, 142 等），十余例"纯"字都拼为 *xún*。
⑨ 犹顺受，逆来顺受的好脾气。

Cum̃ fũ giñ（恭夫人）①	on s'informe au Mandarin de sa femme.（s.这是向官员询问其妻时的称呼。）

（367页，右栏）

T'ái fũ giñ（太夫人）	quand on s'informe d'avantage.（cl.进一步再询问[其母]时的称呼。）
Nài nài（奶奶）	la femme du Mandarin（np.[称呼]官员之妻）.
Tĕ him̀（德行）②	oeuvres de vertu（np.道德[修行]的果实）.
Táo him̀（道行）	le mesme（同上）.
Hiâm táo（向道）	oeuvres de vertu（np.道德[修行]的果实）.
Him̀ tĕ（行德）	le mesme（同上）.
Yài tú mim̀ vám（涯度名望）③	c'est un homme de reputation, & de belle esperance; c'est à dire qu'il promet beaucoup.（s.这指的是一个声名卓著并且成功有望的人，也即前途无量、大有可为者。）

Fin（终了）

---

① 从本条起，至篇末，计有八条，显然是后来补上的。"恭人"，明代四品官之妻的正式称呼，此处所列的"恭夫人"，或即指"恭人"。但 *Cum̃* 也可能为 *Çuñ*（尊）之误，"尊夫人"应是更常见的敬称。

② 《官话词汇》上的"德行"一词（pp.113, 154, 202），"行"（*hiǹg*）也读为去声。

③ 谓声名远扬，影响既深且广。